Emotionales Change Management

Mira Maria Meiler

Emotionales Change Management

Wie Führungskräfte ihre persönliche
und fachliche
Veränderungskompetenz stärken

Mira Maria Meiler
essence consulting
Wien, Österreich

ISBN 978-3-662-62210-0   ISBN 978-3-662-62211-7 (eBook)
https://doi.org/10.1007/978-3-662-62211-7

Die Deutsche Nationalbibliothek verzeichnet diese Publikation in der Deutschen Nationalbibliografie; detaillierte bibliografische Daten sind im Internet über http://dnb.d-nb.de abrufbar.

Springer Gabler

Springer Gabler ist ein Imprint der eingetragenen Gesellschaft Springer-Verlag GmbH, DE und ist ein Teil von Springer Nature.
Die Anschrift der Gesellschaft ist: Heidelberger Platz 3, 14197 Berlin, Germany

Für Elias und Daniel

Inhaltsverzeichnis

Über die Autorin

Mira Maria Meiler begleitet seit 20 Jahren Menschen, Teams und Organisationen bei Veränderungen. Die Kompetenz dafür hat sie durch eine Vielfalt an beruflichen Erfahrungen als Projektmanagerin, Unternehmerin, Künstlerin, internationale Organisationsberaterin und nicht zuletzt durch verschiedene herausfordernde private Veränderungen erlangt. Weiters hat sie ein Studium an der Wirtschaftsuniversität Wien sowie verschiedene Ausbildungen wie z. B. Systemisch-komplementäres Change Management, Systemisches Einzel- und Teamcoaching, Multimediale Kunsttherapie usw. absolviert.

Die Qualität ihrer Arbeit als Sparring Partnerin für Change lebt durch ihr tiefes Vertrauen, dass Veränderungen möglich und sinnvoll sind. Neben der Beratungstätigkeit hält sie Vorträge und schreibt Bücher.

Hier erfahren Sie mehr: www.essenceconsulting.at

1

Einleitung

Zusammenfassung Egal ob zu Hause im Wohnzimmer oder im Meeting-Raum der Vorstandsetage: Wenn es um Veränderungen geht, beginnt es zu menscheln – das heißt, die Sache tritt in den Hintergrund und die Angst vor der Ungewissheit nimmt sich Raum und blockiert das Neue. Das Anliegen dieses Buches ist es, das Vertrauen der Leser und Leserinnen in ihre Veränderungskompetenz zu stärken, indem sie sich erinnern, dass sie bereits viele Veränderungen gemeistert haben. Change ist kein Hexenwerk und nach einem zugegeben manchmal schwierigen Übergang kommt immer etwas Besseres nach. Ein Blick in die Natur bestätigt, dass Übergänge etwas Notwendiges und Natürliches sind. Auch der Mensch ist Natur und kann lernen, seine ihm innewohnende Veränderungskompetenz wieder mehr zu nutzen. Führungskräfte in der heutigen Zeit werden diese Kompetenz dringend brauchen, um ihre Mitarbeiter mit Stärke, Empathie und Weitblick gut in die Zukunft führen zu können.

1989

Mit 19 Jahren war ich ein hübsches, braves und lebenshungriges Mädchen. Mein Vater wollte mir etwas Gutes tun und verschaffte mir nach der

Matura einen Job als Schreibkraft in einem Ministerium. Jeden Tag ging ich pünktlich um acht Uhr früh durch die große schwere Holztüre in die gediegenen Gemäuer des Gebäudes in der historischen Wiener Innenstadt, begrüßte meine Kolleginnen und wartete auf „Kundschaft". Dies waren zu 99 % männliche Diplomaten, die meist sehr freundlich und höflich, manchmal auch sehr aufgeregt in die Schreibstube kamen, mir ihre ehrwürdigen Texte, Berichte und Reden in verschiedenen Sprachen ansagten und ich schrieb am Computer mit. Wenn ein Bericht erledigt und ausgedruckt war, wartete ich auf den nächsten Diplomaten. So ging das jeden Tag.

Aus reiner Langeweile begann ich, die Größen der Weltliteratur zu lesen – je anspruchsvoller, desto besser! So saß ich vor und nach der Arbeit in der Straßenbahn und ließ mich von Nietzsche, Goethe und Rilke inspirieren. Einmal erzählte ich einem Kollegen aus der Verwaltung von meinem Versuch, mit dem Paraglider von einem Hügel zu fliegen und ihm fiel fast die Kaffeekanne aus der Hand. Es war für ihn absolut nicht nachvollziehbar, wie man auf eine so riskante Unternehmung Lust haben konnte und beäugte mich ab diesem Zeitpunkt skeptisch aus der Ferne.

Nach einem halben Jahr fragte ich mich: „War's das jetzt? Sieht so das Leben aus?" Ich fühlte immer öfter eine unbestimmte Sehnsucht nach mehr Leben und Abwechslung. Langsam sickerte in mir die Gewissheit: Ich werde diese nur haben, wenn ich einen Schritt ins Ungewisse gehe. Und dann kündigte ich. Freudig vereinbarte ich einen Termin mit meinem Vater und erklärte ihm stolz: „Ich habe gekündigt und werde Wirtschaft studieren!" Mein Vater traute seinen Ohren nicht, wurde zornig und meinte, dass er mein Studium nicht finanzieren würde und Frauen aus seiner Sicht ohnehin nicht studieren sollten.

Das saß. Ich rang noch kurz um Fassung, murmelte eine Ausrede und machte mich so schnell wie möglich davon. Denn die Tränen begannen bereits zu fließen und stürzten förmlich aus meinen Augen. Ich fühlte mich gedemütigt, abgewertet und völlig ignoriert. Wie konnte man nur so wenig Achtung für die eigene Tochter aufbringen? Doch genau in diesem Moment spürte ich auch etwas, woran ich mich bis heute erinnere: Eine Kraft und eine Sicherheit, die mich von innen heraus und durch meine Tränen hindurch trugen. In diesen Minuten erlebte ich vielleicht erstmals ein Vertrauen, dass ich meinen Weg finden würde, auch wenn ich ihn im Moment noch nicht sah. Ich hatte die Entscheidung, zu studieren, längst gefällt und brauchte nur mehr Alternativen zu suchen, mir dies zu ermöglichen.

Es war das erste Mal in meinem Leben, dass ich bewusst eine Veränderung begann. Der Startpunkt einer langen Reise durch viele Übergänge. Ich gründete Firmen, verließ Firmen, lebte als Trainerin, Künstlerin, Managerin, Mutter und Beraterin, tanzte mich frei, bestieg hohe Berge und schleppte mich durch einige depressive Täler. Immer wieder brach ich auf zu neuen Ufern oder wurde vom Leben eingeladen, mich zu verändern.

Lange dachte ich, dass das nicht richtig sei und ich beständiger werden sollte. Meine Familie hatte mir Geduld, Bescheidenheit und Anpassung vorgelebt. Allesamt keine schlechten Eigenschaften, doch um das Leben ganz zu machen, brauchte es meines Erachtens noch ein bisschen mehr – z. B. sich weiterentwickeln, die eigenen Träume leben und das volle Potenzial seiner Fähigkeiten heben. Ich zog los und erlebte viele Male, wie wundervoll Veränderungen sein können – zugegeben, meist nicht dann, wenn man mitten drin ist, doch nach turbulenten Übergängen kommt immer etwas Besseres nach.

» **Das Leben strebt nach mehr Leben, das Leben ist Veränderung, es ist Freude und Glück, Unsicherheit und Schmerz, Aufbruch und Stagnation, Lust und Angst und immer wieder Übergang.**

Wenn ich nun in die Wirtschaft blicke, scheinen mir Führungskräfte prädestiniert, um ihre eigenen Potenziale und auch die ihrer Mitarbeiter zu entwickeln. Ich gehe davon aus, dass sie Lust haben, ihr Umfeld zu gestalten, Entscheidungen zu treffen und mutig voran zu gehen. Doch wenn es zu „menscheln" beginnt, hört sich der Gestaltungswille manchmal schnell auf. Denn wer will schon bewusst Schmerz und Unsicherheit herbeiführen? Wer will gewohnte, „gemütliche" Autobahnen verlassen, um neue kleine Trampelpfade zu gehen? Und wer will dann noch verunsicherte Mitarbeiter motivieren, mit auf diese Trampelpfade zu gehen?

Ich glaube, dass die männlichen und weiblichen Führungskräfte dieser Zeit die Helden unserer Zukunft sind. In einer Zeit, wo viele Menschen in der Politik vergeblich nach charismatischen Vorbildern suchen, könnten Führungskräfte das Vakuum füllen und Verantwortung übernehmen. Aber keine Sorge, ich meine damit nicht, dass Sie nun für jeden kleinen Jammer oder für die Weltrettung zuständig sind. Doch wenn Menschen in mächtiger Position – egal ob Sie für zwei oder 20.000 Personen verantwortlich sind – lernen, ihre Vorbildwirkung zu nutzen und sowohl achtsam mit den Menschen umgehen als auch für ein gesundes Wachstum der Organisation sorgen, wäre viel gewonnen. Wenn es dann noch gelingt, mehr Organisationen an sinnvollem und nachhaltigem Wirtschaften auszurichten, ist für die Zukunft unserer Kinder schon viel getan.

1.1   Die Natur als Vorbild

Wenn wir uns bewusst in der Natur aufhalten, sehen wir sie überall: Übergänge. Die Nacht weicht dem Tag, Blumen verblühen, ein Baum ist zunächst kahl, trägt dann Blüten, die zu Früchten werden und schließlich vom Baum fallen, die Gezeiten kommen und gehen, Tiere und Menschen paaren sich, bekommen Kinder, die wiederum groß werden und irgendwann sterben.

Wir alle sind Teil dieses Wunders Leben und daher bin ich überzeugt, dass jeder Mensch mit Veränderung umgehen kann. Denn Übergänge sind etwas völlig Natürliches und Notwendiges. Meist beginnt es mit einer leisen Ahnung für etwas Neues, die immer präsenter wird. Dann kommt die Phase, wo Anpassung erforderlich wird bis zum „Wendepunkt", an dem Alt und Neu Seite an Seite nebeneinanderstehen. Hier kippt es und das Neue wird dominanter und gewohnter als das Bisherige. Dieser Vorgang kommt in der Natur tagtäglich tausende Male vor und auch in unserem menschlichen Körper findet eine permanente Erneuerung der Zellen statt.

Und dennoch finden wir es beschwerlich, bedrohlich und beängstigend, mit dem Wandel in der Welt und auch in der Wirtschaft umzugehen. Wir scheinen das intuitive Wissen um Veränderung vergessen zu haben, weil wir uns von der Natur abgekoppelt haben und uns von ihr getrennt fühlen. Wie konnte das bloß passieren?

>> Der Mensch strebt nach Entwicklung. Doch die intellektuelle und technologische Entwicklung im letzten Jahrhundert hat derart stark an Fahrt aufgenommen, dass die emotionale und spirituelle Entwicklung der Menschen nicht mehr nachgekommen ist.

Wollte ich als Jugendliche mit einer Freundin telefonieren, musste ich manchmal stundenlang warten, weil der Nachbar am gleichen Anschluss hing und die Leitung blockierte! Und in der Schule übte ich noch Stenografie und 10-Finger-System auf der Schreibmaschine. Wir lernten aus Schulbüchern und hatten außer den Lexika der Eltern und der öffentlichen Bücherei kaum Informationsquellen zur Verfügung. In den letzten 30 Jahren hat sich da wahrlich viel getan! Selbst am Berggipfel will man erreichbar sein, Fotos senden und das Wetter recherchieren. In der U-Bahn noch schnell Kunden-Emails beantworten, Blog schreiben und gleich online stellen. Und die Kinder schreien zuhause laut auf, wenn das WLAN zwei Minuten nicht die gewohnte Geschwindigkeit hat.

Diese rasante Entwicklung ist vermutlich der Grund, dass die digitale Welt bei allen Annehmlichkeiten wie Einparkassistenten oder virtuellen Plattformen für die Zusammenarbeit an manchen Stellen für uns alle ein wenig überfordernd ist. Überfordernd, weil die Informationen zu viel, zu schnell und zu komplex sind. Wir haben keine Zeit mehr, die Eindrücke zu verarbeiten und auf intuitive Antworten aus unserem Innern zu warten, denn wir leben in der sogenannten VUCA-Welt. VUCA ist ein Kunstwort, das derzeit durch alle Medien geistert und die Begriffe Volatility, Uncertainty, Complexity und Ambiguity beinhaltet. Es beschreibt die großen Herausforderungen, mit denen sich Menschen heute konfrontiert sehen, die durch vielschichtige Zusammenhänge, unsichere Rahmenbedingungen und „Nix-is-fix-Strategien" entstehen. Wir sind verwirrt ob der Informationsflut, den widersprüchlichen Eindrücken und der ständigen Veränderungen.

1.2   Der Mensch in der Organisation

Wo ist also unser Instinkt, unser tiefes menschliches Wissen im Umgang mit Veränderungen? Wo ist unser natürlicher Verstand, der uns Bescheid sagt, wenn der richtige Zeitpunkt für eine Neustrukturierung oder einen Jobwechsel gekommen ist? Wo ist unser liebevoller Blick auf uns selbst und unser Team in Zeiten des Wandels, der natürliche Zusammenhalt eines „Rudels", wenn sich die Rahmenbedingungen ändern?

Je länger ich Menschen bei Transformationen verschiedenster Art begleite, desto erstaunter bin ich immer wieder, wie einfach und bodenständig die Inhalte der Beratungsarbeit manchmal sind. Einfach allerdings nicht im Sinne von „banal", sondern es sind oft grundlegende Dinge wie offene Kommunikation, bereichsübergreifende Kooperation und Finden einer gemeinsamen Richtung, die einen Veränderungsprozess bestimmen. Und mir scheint, je höher die Hierarchieebene der Involvierten ist, desto einfacher und bodenständiger darf es sein.

Ebenso wie es an Tagen mit heftigen Stürmen hilft, gute Bodenhaftung zu haben, hilft es auch in turbulenten Zeiten in Organisationen, die Füße am Boden zu behalten und nicht in politische Gehirnakrobatik zu verfallen. Das ist der unmögliche Versuch, sich immer so zu verhalten, dass man bei allen Vorgesetzten und Kollegen gleich gut ankommt. Das heißt, wir müssen ständig vorausdenken, wer welches Verhalten von uns erwarten könnte und uns dann anpassen (oder verstellen). Daraus entsteht ein eigenartiger Einheitsbrei aus ähnlichen Verhaltensweisen, die keine Ecken und Kanten mehr aufweisen. So beschwerte sich eine hochrangige Führungskraft in einem Vorbereitungsinterview für einen Workshop über einen Kollegen. Auf meine naive Frage, ob er schon mit ihm darüber geredet hätte, erntete ich ein betretenes „Na ja, nicht wirklich". Ein anderes Mal sagte mir ein Top-Manager eines Produktionsbetriebes sogar direkt ins Gesicht: „Nein, das mache ich bewusst nicht, denn ich will mich nicht positionieren."

Autsch. Natürlich kann es Gründe geben, die für Zurückhaltung sprechen, doch für mein Gefühl ist diese Zaghaftigkeit bezüglich Auseinandersetzung ein eigenartiges Programm.

》Wer Veränderung will, muss sich auseinandersetzen und in Kontakt treten. Sonst wird das nichts.

Vielleicht hatte ich ein bisschen Glück und das Leben hat mir selbst eine etwas größere Portion Bodenhaftung mitgegeben als anderen. Doch ich hatte auch genug Gelegenheit zum Üben. Wie erwähnt hatte ich lange das Gefühl, dass mit mir etwas nicht stimmt. Denn ich brach immer wieder auf zu neuen Möglichkeiten und manchmal wurde ich auch dazu gezwungen. So lernte ich, dass Veränderung hart ist, einen aber nicht umbringt und letztendlich vielleicht sogar jedes Mal ein wenig weiser und verwurzelter im Leben macht.

Einer meiner Lebenspartner sagte einmal zu mir: „Mira, könnte es nicht wieder so sein wie vor zwei Jahren? Damals war es so unkompliziert …" „Nein, kann es nicht" war meine Antwort. Leben ist Entwicklung und mal ehrlich, sind wir nicht alle hier, um das Beste aus uns herauszuholen? Ist es nicht unsere Pflicht, zumindest alle unsere Möglichkeiten zu prüfen, ab und zu über den Tellerrand zu sehen und von Zeit zu Zeit auch einmal ins Ungewisse zu springen?

1.3   Veränderung ist immer emotional

Doch zurück in die Organisationen. Wenn Veränderung etwas Natürliches ist, warum sind dann Übergänge in Unternehmen oft etwas so Schmerzvolles? Warum wehren sich so viele Mitarbeiter gegen eine neue Ausrichtung, die ihnen langfristig eigentlich den Job sichern soll? Warum scheitern so viele Veränderungsprojekte?

》Die Schwierigkeit liegt darin, dass Emotionen in der Wirtschaft noch immer nicht salonfähig sind.

Bei schwierigen privaten Ereignissen sitzen wir bald mit einem Freund oder einer Freundin zusammen und sagen: Ich verstehe, dass du traurig bist, weine dich aus und dann geht es dir besser! Bei großen Umbrüchen in Organisationen heißt es hingegen: Reiß dich zusammen! Oder: Du solltest resilienter werden, mach ein Seminar! Oder vielleicht auch: Wir verändern uns täglich, das ist agil!

Nein, ich mache mich nicht lustig. Angst, Schmerz, Freude, Lust, Abschied, Verzweiflung und Unsicherheit sind völlig normale Gefühle, wenn etwas Neues auf uns zukommt und sich langsam einnistet. Doch diese Gefühle als Führungskraft anzusprechen und den Mitarbeitern Mitgefühl zu geben, sind wir nicht gewohnt. Gleichzeitig braucht es einen solchen Anker, wenn die Stürme der Veränderung um uns toben. Viele Führungskräfte können nicht „dableiben", wenn die Menschen rundherum ängstlich, unsicher oder aggressiv werden. Dabei reicht oft die reine emotionale Präsenz – sie gibt Halt, man wird gehört und verstanden. Meine größte Veränderung in Richtung mehr Selbstsicherheit und Halt im Leben erlebte ich allein dadurch, dass ich von einer Therapeutin jahrelang mit all meinen Gefühlen wahrgenommen wurde.

Als Mensch mit Führungsverantwortung sind Sie in diesen Zeiten des Wandels also zweierlei gefordert: Einerseits sollen Sie in sich selbst ausreichend Stabilität finden, um mit den Turbulenzen des Alltags und den Emotionen der Mitarbeiter gelassen umzugehen. Andererseits verlangt diese Zeit auch nach neuen Formen der Zusammenarbeit – und das ist vielleicht die noch größere Herausforderung. Weg von der Konkurrenz, hin zu einem gesunden Miteinander, wo man sich gegenseitig fördert und die sogenannte kollektive Intelligenz einer Gruppe von Gleichgesinnten nutzt. In meinen Projekten ernte ich im ersten Moment immer noch Erstaunen, wenn ich vorschlage, dass sich Menschen aus ganz unterschiedlichen Bereichen im Unternehmen an einen Tisch setzen und ihr Wissen auf den Tisch legen sollen.

Praxis Tipp Wissen = Macht dient der Gesellschaft nicht länger. Wer wirklich etwas bewegen will in einer Organisation und vielleicht auch auf dem Planeten, braucht übergreifende Zusammenarbeit und Menschen, die bereitwillig ihr Wissen in einen Topf werfen.

Manche von Ihnen sagen jetzt vielleicht, dass ich „blauäugig" bin. Doch ich glaube tatsächlich, dass dies ein sinnvoller Weg ist. Kein leichter vielleicht, aber ein sinnvoller. Manchmal ertappe auch ich mich noch bei der Überlegung, wem ich welches Wissen weitergebe. Doch mittlerweile bin ich alt genug, dass es mir mehr Freude macht, meine Erfahrungen und mein Know-how weiterzugeben, als es zu sammeln und zu horten – dieses Buch ist das beste Beispiel dafür!

Zu diesem Buch

Seit vielen Jahren habe ich eine ganze Reihe von exzellenten Fachbüchern über Veränderungsprozesse in meinen Bücherregalen stehen und nehme sie immer wieder zur Hand, wenn ich mich fachlich inspirieren lassen möchte. Doch wenn es in der Praxis eines Veränderungsprojektes heiß hergeht im Sinne von Widerständen, Spannungen bis hin zu Wutausbrüchen – wo sehe ich dann nach? Mir persönlich hilft in diesen Situationen der Blick nach innen, der Austausch mit Kollegen und die Reflexion mit meinem eigenen Coach. Aber wäre nicht doch ein kleines feines Büchlein mit einer ganzheitlichen Sicht auf Veränderungen hilfreich?

Ich habe dieses Buch also besonders für jene geschrieben, die in Fachbüchern über Tools, Vorgangsweisen und „richtiges" Verhalten in Veränderungen gelesen haben und sich zusätzlich praktische Anregungen wünschen. Die Übersetzung von Tools in die Lebensrealität ist für den Leser oft schwierig – dieses Buch versucht das durch authentische Geschichten und persönliche Erfahrungen. Mit der Lektüre bekommen Sie mehr Sicherheit in Change-Prozessen und einen lustvolleren Umgang mit Veränderung. Zusätzlich eignet sich das Buch auch für Personen, die nach einem praxisorientierten Zugang zu persönlichen Veränderungen und nach einem Vorbild suchen, das bereits einige Transformationen bewältigt hat. Wenn Sie Antworten auf eine der folgenden Fragen suchen, ist dieses Buch sicher hilfreich für Sie:

> Wie geht eigentlich Veränderung und wo stehe ich in dem Prozess?
> Wie um alles in der Welt kann ich Ruhe bewahren in dieser Welt des Wandels?

Wie kann ich Menschen für neue Themen begeistern?
Wie gehe ich mit den Widerständen gegen Neues um?
Was tun andere in verschiedenen Phasen eines Veränderungsprozesses?

Vor Ihnen liegt also der Versuch, sich auf die menschliche Seite von Übergangsprozessen in Organisationen zu begeben. Organisationen bestehen aus Menschen und Emotionen sind der Untergrund, auf dem sich das Unternehmenstheater täglich abspielt. In Veränderungen kommt dieser Untergrund in Bewegung. Wenn sich nun ausreichend (mächtige) Personen in einer Organisation bereit erklären, ab heute etwas anders zu machen – einen neuen Kurs einzuschlagen, anders zu kommunizieren, einen neuen Führungsstil auszuprobieren usw. – führt dies unweigerlich zu Irritation und zu Emotion. Doch ohne Emotion keine Veränderung!

Dann lassen Sie uns starten und ich begleite Sie durch aus meiner Sicht notwendige und typische Phasen einer Veränderung. Ich werde Ihnen auf dieser Reise viele persönliche Geschichten aus meinem Leben erzählen und damit Ihren Blick darauf lenken, wie fähig wir alle zu Veränderung sind. Mein Anliegen dahinter ist, das Menschliche in unserem Alltag mehr in den Fokus zu rücken. Wir alle sind kleinen und großen Schicksalsschläge, depressiven Phasen, Scheidungen oder anderen schwierigen Straßenstücken auf unserem Lebensweg begegnet. Der Rückblick auf diese herausfordernden Zeiten kann zur Kraftquelle in Veränderungsprozessen jeder Art werden, wenn wir den Mut haben, genau hinzusehen.

Abschließend möchte ich festhalten, dass ich mich mit diesem Buch selbstverständlich an weibliche und männliche Personen wende, doch zugunsten einer flüssigeren Lesbarkeit auf die Nennung jeweils beider Formen verzichtet habe. Ich zähle auf die Großzügigkeit der Damen, die sich hoffentlich von der vorwiegend männlichen Form der Endungen nicht abschrecken lassen, weiterzulesen.

Ich wünsche mir, dass Sie, liebe Leserin und lieber Leser, dieses Buch mit großer Neugier lesen und sickern lassen, denn der Mehrwert mancher Informationen erschließt sich möglicherweise erst auf den zweiten Blick!

Fazit: Einleitung

- Aus der Natur können wir sehr viel über Veränderungen lernen – dort passiert sie tagtäglich und überall.
- Der Mensch hat sich durch den technischen Fortschritt und die rasante Lebensgeschwindigkeit von seinen natürlichen Instinkten entfernt.
- Die Gewohnheit, persönliche Gefühle in Organisationen auszublenden, erschwert den Umgang mit Change – denn Veränderung ist immer emotional!
- Dieses Buch hilft Ihnen, fachlich fundiert, emotional und mit Humor durch Veränderungsprozesse zu kommen.

2

Überblick zum Veränderungszyklus

Zusammenfassung Proaktive Veränderungen laufen meist sehr ähnlich ab und in diesem Buch beschreibe ich einen solchen Veränderungszyklus, der meiner Erfahrung nach so oder ähnlich immer wieder vorkommt. In diesem Kapitel wird der Unterschied zwischen diesem Veränderungszyklus sowie der weitreichend bekannten Veränderungskurve von Kübler-Ross (2014) beschrieben, um den Ablauf der Phasen besser einordnen zu können. Die Verlockung ist groß, diesen Ablauf als idealtypisch zu nehmen, doch natürlich ist jeder Veränderungsprozess etwas Besonderes und die Phasen können übersprungen, wiederholt oder intensiviert werden. Ein Beispiel erläutert, wie die einzelnen Phasen, die auch die Überschriften der nächsten sieben Kapitel darstellen, in der Praxis vorkommen können.

In diesem Buch stelle ich einen typischen Veränderungszyklus dar, der im Unterschied zu einem Verlauf der Veränderung nach einer plötzlich eintretenden Krise jene Entwicklung darstellt, die sich in einer absichtlichen und proaktiven Veränderung ergibt. Jedes der folgenden sieben Kapitel stellt eine Phase in diesem Zyklus dar. Dies ist kein idealtypischer Ablauf

© Der/die Herausgeber bzw. der/die Autor(en), exklusiv lizenziert durch Springer-Verlag GmbH, DE, ein Teil von Springer Nature 2020
M. M. Meiler, *Emotionales Change Management*,
https://doi.org/10.1007/978-3-662-62211-7_2

und auch keine Schablone, wie eine Veränderung abzulaufen hat. Manchmal kommen die Phasen in anderer Reihenfolge vor, manchmal wird eine Phase übersprungen oder man bleibt in einer Phase hängen und macht ein bis zwei Ehrenrunden. Insgesamt entspricht es jedoch meinen persönlichen und beruflichen Erfahrungen, dass diese Phasen Bestandteile eines Change-Prozesses sind, die alle ihre Berechtigung und ihren Sinn haben. Ohne ordentliche Standortbestimmung wird es z. B. schwierig sein, den passenden ersten Schritt zu finden, ohne klare Ausrichtung und Entscheidung kann kaum eine große Menge Menschen bewegt werden und schließlich haben auch kleine Irrwege in Veränderungen ihre Berechtigung um den „eigentlichen" Weg zu finden.

Um den Veränderungszyklus in diesem Buch einordnen zu können, möchte ich Ihnen zunächst das häufig verwendete Modell der Veränderungskurve von Kübler-Ross (Kübler-Ross 2014) beschreiben. Die Psychiaterin Kübler-Ross entwickelte diese Kurve bereits in den 1960er-Jahren, um die verschiedenen emotionalen Stadien innerhalb eines Trauerprozesses abzubilden. Seither wird sie auch genutzt, um persönliche Reaktionen auf signifikante Veränderungen begreifbar zu machen.

Ihr Modell besteht aus den Phasen Schock – Widerstand – Depression – Akzeptanz – Erkundung – Integration. Bei allen plötzlichen Veränderungen wie Krisen oder bei der Kommunikation von „schlechten Nachrichten" wie Stellenabbau oder Firmenübernahmen läuft die Veränderung in etwa nach diesem Schema ab (Kurve A in Abb. 2.1), wobei auf der senkrechten y-Achse der Grad der Leistungsbereitschaft und auf der waagrechten x-Achse der Zeitablauf abzulesen ist.

Zunächst sind die Mitarbeiter meist im Schock und erstarren regelrecht. Damit einher geht ein Leistungsabfall, weil die meiste Energie für die Verarbeitung der Neuigkeiten verwendet wird. Nach dem ersten Schock entsteht Widerstand gegen die Nachricht, der aus dem Versuch gespeist wird, mit viel Kraft alles beim Alten zu lassen (Leistungskurve steigt an). Es werden Bündnisse geschlossen, Gerüchte in die Welt gesetzt und Anstrengungen unternommen, um zu beweisen, dass die bisherige Arbeitsweise oder Sachlage einfach die bessere war.

Wenn der neue Kurs bleibt, entsteht oft Enttäuschung und in weiterer Folge eine Depression und die Leistung der Beteiligten sinkt dramatisch ab. Die Hoffnung, dass alles beim Alten bleiben könnte, schwindet und

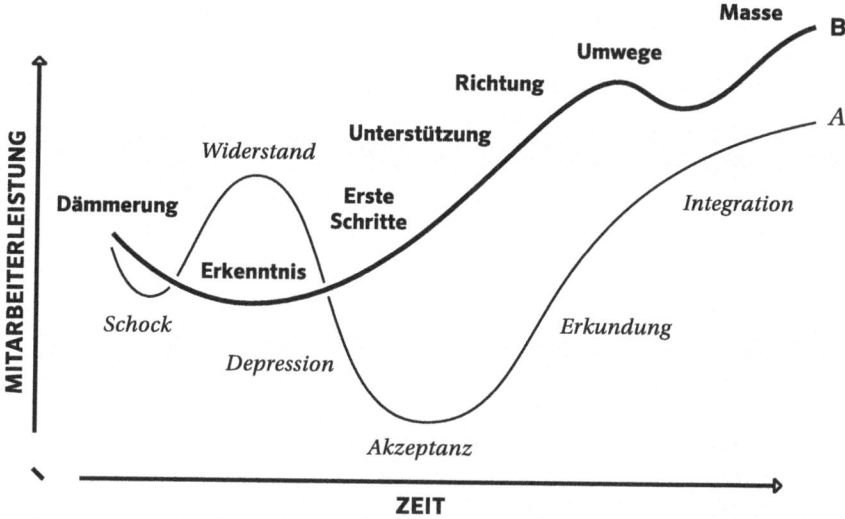

Abb. 2.1 Veränderungskurven. Die Kurve A zeigt die Stadien einer Veränderung nach Kübler Ross (2014) und die Kurve B zeigt die Phasen bei einer proaktiven Veränderung, dargestellt in diesem Buch

eine Art Trauerprozess beginnt, in dem es wichtig ist, „das Alte" gehen zu lassen. Erst mit der Akzeptanz am „Talboden" der Kurve kann die Situation voll und ganz anerkannt und wahrgenommen werden und in der Folge ein erstes Erkunden in eine neue Richtung starten. Langsam wird der neue Weg nun bestätigt bis das Neue komplett integriert ist.

In weniger krisenhaften Situationen, wo aktiv und bewusst eine neue Richtung eingeschlagen wird, schlägt die Kurve weniger stark aus und der Start ist zunächst weniger emotional (Kurve B in Abb. 2.1). Diese Kurve B möchte ich in diesem Buch näher beschreiben und gleich anhand eines Beispiels erläutern.

Die Dämmerung, die gleich im nächsten Kapitel näher beschrieben wird, repräsentiert die zweite Phase nach Kübler-Ross, nur viel weniger ausgeprägt – der Widerstand richtet sich hier eher diffus gegen das „unbekannte Neue". Danach kann die Erkenntnis aus Kap. 4 sowohl eine depressive als auch eine akzeptierende Qualität haben. Depressiv deshalb, weil das, was bei näherem Hinsehen zu Tage kommt, manchmal nicht angenehm ist. Doch immerhin ist einmal alles sichtbar, was zum Status quo gehört und das führt zwar nicht gleich, doch mit etwas Abstand zu Akzeptanz. Mit dem ersten Schritt in Kap. 5 geht es bereits wieder aufwärts mit der Leistungsbereitschaft und mit den passenden Unterstützern (Kap. 6) geht es weiter nach oben. Manchmal schlagen wir in Veränderungsprozessen nicht den direkten Weg in die neue Richtung ein (Kap. 7) und wenn wir erkennen, dass wir einen Umweg genommen haben, kann noch einmal eine leichte Abwärtskurve entstehen (Kap. 8). Doch Umwege entpuppen sich oft als heilsame Korrektur und schließlich schwappt die Welle über und die Masse bewegt sich in eine neue Richtung (Kap. 9).

Beispiel: Veränderungszyklus in einem Change-Projekt

In einer mittelständigen Organisation in Österreich bemerkte der neue Geschäftsführer bei verschiedenen Anlässen, dass die hierarchische und funktionale Struktur, die sein Vorgänger etabliert hatte, nicht mehr zeitgemäß war und neue, flexiblere Strukturen besser zum Geschäft passen könnten (Dämmerung). Nach einer Analyse der Situation durch mehrere Gespräche mit Schlüsselpersonen realisierte er, dass der Gedanke an bereichsübergreifende Zusammenarbeit sehr ungewohnt für die Mitarbeiter war und zusätzlich Konflikte zwischen zwei Bereichsleitern bestanden (Erkenntnis). Das war zunächst frustrierend, doch wagte er dennoch einen Versuch in eine neue Richtung mit einem Brainstorming für mögliche alternative Organisationsformen innerhalb des Leitungsteams (erster Schritt). Dies brachte zwar einige Vorschläge, aber auch große Unterschiede in den Vorstellungen zutage. Der Geschäftsführer konsultierte Berater (Unterstützung), die das Leitungsteam zunächst dabei begleiteten, zu einem gemeinsamen Verständnis der Situation zu gelangen und dann zur Bereitschaft, sich auf etwas Neues einzulassen.

Anschließend wurden in einem Workshop auch die Mitarbeiter und ihre Ideen für eine neue Form der Zusammenarbeit in den Prozess einbezogen. „Auf der grünen Wiese" wurden idealtypische und mutige Formen der Zusammenarbeit kreiert, die jedoch allesamt schwer durchführbar schienen und die Mitglieder des Leitungsteams in eine massive Diskussion bezüglich ihrer zukünftigen Führungsrolle führte. Das gesamte Vorhaben wurde daraufhin ernsthaft in Frage gestellt (Umweg). Erst ein neuerlicher Workshop, wo der Unternehmenszweck und die Vision für die nächsten fünf Jahre geschärft wurde, ermöglichte einen Durchbruch des Neuen (Richtung). Nun konnte maßgeschneidert für die zukünftigen Anforderungen ein erster Versuch mit interdisziplinären Teams für ausgewählte Themen begonnen werden. Durch die ersten positiven Erfahrungen wurden die anderen Mitarbeiter neugierig und die Bereitschaft für das Experimentieren stieg. Die Belegschaft begann, mitzuziehen … (Masse).

Nach diesem Überblick lade ich Sie, lieber Leser, liebe Leserin, nun ein, entweder direkt in jene Phase zu springen, die Sie auf Anhieb am meisten anspricht oder wo Sie den größten persönlichen Bedarf sehen – jedes Kapitel steht für sich, kann separat gelesen werden und stellt Ihnen zur jeweiligen Phase Tipps, Erfahrungen und Geschichten zur Verfügung. Oder Sie lesen das Buch von vorne bis hinten, wobei Sie neben den fachlichen Inhalten auch die Stationen meiner Lebensgeschichte zu Beginn jeden Kapitels in chronologischer Reihenfolge erleben können. Diese Geschichten stellen einschneidende Erlebnisse dar, in denen ich jeweils etwas sehr Wertvolles hinsichtlich Change gelernt habe und die sich später als wichtige Bausteine für mein heutiges Wohlbefinden und meinen Erfolg entpuppt haben.

Fazit: Überblick zum Veränderungszyklus

- Die **Dämmerung der Veränderung** – eine erste Ahnung macht sich bemerkbar, dass sich etwas verändern wird.
- **Erkenntnis** – jetzt wird klar, worum es geht und was zu tun ist, um etwas zu verändern.
- **Der erste Schritt** – nun ist es wichtig, in Bewegung zu kommen.
- Sie müssen nicht alles allein schaffen – manchmal braucht man **Unterstützung**, um neue Wege zu finden.
- Die **Richtung finden** – die Entscheidung gelingt und eine neue Ausrichtung wird spürbar.
- Die geraden Wege sind nicht immer die besten – die wertvollsten Erfahrungen bekommt man **auf Umwegen.**
- **Die Masse bewegt sich** – das Neue ist da und kann zur Gewohnheit werden.

3

Die Dämmerung einer Veränderung

Zusammenfassung Wie auch in der ersten Morgendämmerung am Tag ist in der Dämmerung einer Veränderung noch alles diffus. Man ist manchmal irritiert, wundert sich, ärgert sich vielleicht auch über Verhaltensweisen von Kollegen, doch kann man noch nicht genau sagen, was einen stört. Manchmal wartet man aus Bequemlichkeit sehr lange, bis man tatsächlich auf die Spurensuche geht, manchmal lichtet sich der „Morgennebel" von allein. Eine wertfreie Bestandsaufnahme ist jedoch die einzige Möglichkeit, mehr über die Hintergründe der aktuellen Situation herauszufinden und da muss man manchmal auch ungewöhnliche Methoden anwenden. Zum Beispiel, Menschen befragen, mit denen man noch nie zuvor gesprochen hat oder auch stumm in sich hineinhören und die innere Weisheit nutzen.

1998

Nachdem ich mein Studium selbst verdient hatte, gründete ich mit 26 Jahren gemeinsam mit einer Geschäftspartnerin meine erste Firma mit den finanziellen Mitteln eines Absolventenkredits. Der Start war herausfordernd, doch die Event- und PR-Agentur war rasch erfolgreich und auch

© Der/die Herausgeber bzw. der/die Autor(en), exklusiv lizenziert durch Springer-Verlag GmbH, DE, ein Teil von Springer Nature 2020
M. M. Meiler, *Emotionales Change Management*,
https://doi.org/10.1007/978-3-662-62211-7_3

privat hatte ich einen netten Partner, sodass von außen betrachtet alles gut war. Tagsüber beeindruckten wir IT-Manager mit erstklassigen Branchen-Events mit internationalen Speakern, ich zog den Sponsoren das Geld aus der Tasche und lernte viel und schnell jenes praktische Wissen über Unternehmensführung, das man auf der Universität nur theoretisch studiert. Abends ging ich aus, traf die Freunde meines Freundes und aß und trank mich durch die regionalen Spezialitäten des gesamten italienischen Stiefels.

Doch irgendetwas brachte mich gewaltig unter Druck – etwas, das nach Arbeitsschluss gerne mit ein paar Gläsern Wein gelockert wurde. Das ist doch normal, oder? Ein anderes Mittel gegen Stress hatte ich in meiner Familie nie kennengelernt. Dennoch versuchte ich es mit einer vermeintlichen Entspannungstechnik namens Tai-Chi und fand mich bald in einer Schnupperstunde dafür wieder. Und diese Stunde werde ich nie in meinem Leben vergessen.

Der chinesische Tai-Chi-Meister zeigte die Bewegungen vor und ich versuchte mein Möglichstes, es ihm gleich zu tun. Doch in meinem Inneren tobte ein Vulkan – ich war völlig verzweifelt, weil die Gesten und Schritte so wahnsinnig langsam vollzogen wurden. Ich ahnte zwar, dass das etwas Hilfreiches für mein Leben sein könnte, doch fand ich keinen Ort in mir, der bereit war, sich dieser langsamen Achtsamkeit hinzugeben. Ich verließ die Übungsstunde und wendete mich anderen Ventilen für meine Unruhe zu – Sport in den verschiedensten Spielarten. Neben Marathon laufen standen hohe Berge auf dem Programm sowie Mountainbiken mit Top-Athleten. Ich versuchte, überall mitzuhalten und doch beunruhigte mich etwas.

Der Druck blieb und beschied mir chronische Magenschmerzen und Hyperaktivität, die den Menschen in meiner Umgebung oft zu viel wurde. Freundschaften vernachlässigte ich schon länger und selbst der Kontakt zu meiner Familie wurde weniger. Manchmal, wenn ich allein war, musste ich plötzlich ohne Grund weinen …

In dieser Lebensphase zeichnete sich schon ab, dass ich irgendetwas verändern musste, um wieder mehr Lebensfreude zu haben, doch ich hatte keine Ahnung, was. Es war wie in der Dämmerung in der Natur, wo der Tag schon zu erahnen ist, doch er ist noch nicht da. Das Leben beginnt sich schon zu rühren, doch es ist noch zu dunkel, um alles wahrzunehmen. Vielleicht kennen Sie das auch. Es gibt Phasen im Leben, in denen man sich immer öfter in Situationen befindet, die einem mit dem

Gefühl zurücklassen, es stimme etwas nicht. Das können wiederkehrende Missverständnisse, unproduktive Meetings, widersprüchliche Informationen oder andere Ungereimtheiten sein. Man fühlt sich immer öfter, als wäre man im falschen Film. Vielleicht denken Sie sich auch manchmal: Spinne ich oder spinnt der andere? Es fühlt sich jedenfalls so an, als hätte man seine gewohnten Schuhe angezogen, doch plötzlich passen sie nicht mehr richtig.

Allerdings kann man noch nicht genau sagen, *was* nicht passt. Und da es bequem ist, das Gewohnte beizubehalten, verändert man erst einmal nichts. Schleichend verstärkt sich das Gefühl, dass Sie eine wichtige Information übersehen. Solange Sie jedoch nicht wissen, was es ist, haben Sie auch keinen Grund, sich anzustrengen und etwas zu bewegen. Sicherheitshalber fragen Sie auch niemanden dazu, denn dann könnten Sie ja auf unbequeme Wahrheiten treffen. Wenn Sie diese Haltung lange genug durchziehen und den Kopf in den Sand stecken, könnten Ihnen jedoch wertvolle Chancen entgehen!

>> Das, was hinter der Wolke aus unbestimmten Störgefühlen auf Sie wartet, ist eine mögliche Abzweigung in Ihrem Alltag, vielleicht auch eine Transformation, die sich auf Ihr gesamtes Leben auswirkt. Dort warten Potenziale, die Sie noch nicht kennen oder noch nicht entwickelt haben.

Sollten Sie zu einem bestimmten Thema diese Gefühle haben, empfiehlt sich eine Diagnose. Wie ein guter Arzt können Sie sich Zeit nehmen, um genauer hinzuschauen, Fragen zu stellen, Symptome zu analysieren und auf Stimmungen zu achten. Sie können auch neue Blickwinkel einholen, Menschen fragen, die Sie bisher nie einbezogen haben, weil sie aus anderen Bereichen, Hierarchieebenen oder gar Organisationen kommen. Eigentlich ist es eine Faktensammlung, die nach Möglichkeit wertfrei erfolgen sollte. Nicht vorschnell urteilen, sondern einfach nur beobachten und die Ohren spitzen.

Beispiel: Die schwierige Kollegin

Haben sie z. B. das unbestimmte Gefühl, dass eine Kollegin Sie blockiert und in Meetings immer wieder Ihre Ideen torpediert, so könnten Sie theoretisch wütend auf sie werden und sie ebenfalls blockieren. Oder Sie sammeln erst einmal die Fakten: In wie vielen Meetings war es tatsächlich so? War es nur sie oder haben auch andere Kollegen ablehnend reagiert? Dann könnten Sie Gespräche mit den Kollegen führen, um ihre Meinung im Zweier-Gespräch zu hören und natürlich können Sie die betreffende Kollegin auch selbst um ein Gespräch bitten um herauszufinden, was eigentlich hinter ihrer vermeintlichen Abwehr steckt. Selbstverständlich können Sie sich auch selbst in Frage stellen und ehrlich hinschauen, ob Ihre Ideen tatsächlich großartig sind oder ob Sie vielleicht nur neidig auf die Kollegin sind. Und wenn Ihre Ideen tatsächlich großartig sind – warum haben Sie sie nicht bereits persönlich Ihrem Chef vorgeschlagen? Sie sehen, es ist immer alles relativ …

Normalerweise ist es im Alltag verlockend, die unbequemen, ungelösten Themen unter den Tisch zu kehren. In der Gestalttherapie gibt es dazu ein schönes Bild: Eine Gestalt beschäftigt einen so lange bis sie „fertig" ist. Das Symbol dazu ist ein offener Kreis vs. einem geschlossenen Kreis. Solange die Gestalt offen ist, strebt sie in Richtung Vollendung und damit Erledigung. Wenn Sie zu viele offenen Gestalten in ihrem Leben haben, sind Sie vermutlich im Stress.

Genau gleich verhält es sich in Organisationen. Wenn viele Themen ungeklärt sind, entsteht eine „unerklärliche" Unruhe. Gerüchte kursieren, Ziele werden blockiert und in Meetings werden Endlosschleifen zu Banalitäten gezogen. Alles nur, um die darunter liegenden Themen nicht bearbeiten zu müssen.

3.1 Die archäologische Suche

In Beratungsprozessen ist in diesem Zusammenhang die Diagnosephase durch die Berater und die anschließende „Rückspiegelung" sehr oft ein Augenöffner. Die Rückspiegelung ist die ausführliche und möglichst schonungslose Präsentation der Ergebnisse aus zahlreichen Interviews mit Mitarbeitern. Dabei werden ca. 10 % der Belegschaft oder Abteilung, um die es in einem Projekt geht, in qualitativen Einzel- und Gruppen-Interviews befragt. Die Teilnehmer der Interviews sollen repräsentativ für die gesamte Belegschaft sein – d. h. aus allen Bereichen, Hierarchien, Niederlassungen usw. werden Personen einbezogen. Auch der Zusammensetzung der Interview-Gruppen wird besonderes Augenmerk geschenkt. Wenn in der Auftragsklärung z. B. von Schwierigkeiten zwischen zwei Abteilungen erzählt wurde, wünschen wir uns, dass wir eine Gruppe mit Leuten aus Abteilung A, eine Gruppe mit Leuten aus Abteilung B und eine gemischte Gruppe interviewen dürfen. So kann man sowohl die Stimmung innerhalb der verschiedenen „Lager" als auch die Dynamik *zwischen* den Lagern gut erfassen. Ergänzend dazu werden Einzelinterviews mit Personen geführt, die aus irgendeinem Grund besonders relevant für die Situation sind oder wichtiges Hintergrundwissen haben, z. B. ein einflussreicher Stakeholder außerhalb der Organisation, spezielle Vertrauenspersonen, vermeintlich Schuldige oder informell Mächtige.

Nach den Interviews setzen sich die Berater zusammen und erzählen einander ausführlich, was sie erlebt, gehört und auch zwischen den Zeilen mitbekommen haben. Dabei dürfen auch Unterschiede und Widersprüche auftauchen, denn auch wir Berater haben unterschiedliche Sichtweisen! All dies wird zusammengefasst, mit einzelnen Zitaten der Interviewten illustriert und mit unseren Hypothesen zu der Situation ergänzt. Wichtig ist noch, dass die Interviewten komplett anonym bleiben und in der Präsentation nicht ersichtlich ist, wer was gesagt hat!

Beispiel: Ernüchterung in der Diagnosephase eines Projekts

Vor ein paar Jahren war ich Projektleiterin in einem Veränderungsprojekt für ein internationales Produktionsunternehmen. Das Ziel war die nachhaltige Veränderung des „Mindset" der gesamten Belegschaft in Richtung mehr Qualitätsbewusstsein. Wir begannen, genau hinzusehen und zwar so wertfrei wie möglich. Nach zahlreichen Interviews quer durch die Belegschaft stellte sich heraus, dass Mitarbeiter in der Produktion teilweise gar nicht auf die Qualität achten *können*, weil die Priorität des früheren Managements jahrelang auf möglichst hohen Produktionszahlen lag. Sogar schwere Verstöße gegen Qualitätsrichtlinien wurden nicht sanktioniert und der Ruf nach Effizienz war an der Tagesordnung. Darüber hinaus hatten die

Mitarbeiter keine Ahnung, in welche Richtung sich der Standort entwickeln wird – die Frage nach der Strategie wurde fast flächendeckend mit „Wissen wir nicht" beantwortet, die Frage nach dem Leitungsteam mit „Kennen wir nicht".

Der CEO reagierte bei der Rückspiegelung der Ergebnisse aus den Interviews teilweise mit Fassungslosigkeit. Nie hätte er für möglich gehalten, dass die früheren Effizienzprogramme so tief in den Köpfen der Mitarbeiter verankert sind und noch weniger, dass trotz zahlreicher Informationsveranstaltungen absolut nichts von der Strategie und den positiven Zukunftsperspektiven für den Standort bei den Leuten angekommen ist. Er sprang plötzlich auf und setzte sich zu seinem PC, um uns eine Folie mit der Strategie für den Standort zu zeigen, die er den Mitarbeitern bereits wiederholte Male in großen Veranstaltungen gezeigt hatte. Die Folie war leicht verständlich und übersichtlich und dennoch – *nichts* davon schien bei den Mitarbeitern angekommen zu sein.

Auch wenn dieses Beispiel nach einem altbekannten Phänomen klingt – nämlich dem Zielkonflikt zwischen Produktion und Qualität – war das Ausmaß der Situation in diesem Fall doch überraschend für das Management. Um solche Hintergründe herauszufinden, hilft eine wertfreie Haltung gegenüber allen Beteiligten. „Wertfreies Wahrnehmen" klingt irgendwie einfach, doch in unserer schnelllebigen und komplexen Welt ist es üblich, Themen, Menschen und Situationen schnell zu beurteilen und damit die Flut an Informationen zu vereinfachen und verarbeitbar zu machen. Unser Hirn strebt permanent nach Effizienz und es ist praktisch, Wahrnehmungen zu kategorisieren und in eine vorhandene Schublade der eigenen Denkkategorien zu stecken. Doch es ist möglich, unvoreingenommen an eine Sachlage heranzugehen, quasi ohne Schubladen und aus meiner Sicht auch unerlässlich für die aufrichtige Analyse einer schwierigen oder auch nur diffusen Situation.

Praxis-Tipp Was mir selbst und auch meinen Kunden und Klienten in dieser Situation hilft, ist das Bild eines Archäologen. Ein Archäologe gräbt an einer vielversprechenden Stelle in der Erde, ohne zu wissen, was er entdecken wird.

Manchmal findet er einen kleinen, schmutzigen Scherben und er behandelt ihn als etwas Besonderes – egal ob sich später herausstellt, dass er

Teil eines wertvollen Fundes ist oder eben nur vergrabener Müll von anno dazumal. Genauso ist jede Information, die Sie in einer komplexen Situation bekommen, eine möglicherweise wertvolle Grundlage für spätere Entscheidungen. Auch in privater Umgebung, wo einem etwas komisch vorkommt, hilft diese neutrale Neugier, wie andere Personen die Situation sehen, ungemein.

Beispiel: Der Sockenkrieg

Ich habe mit meinem Ex-Mann regelmäßig den Sockenkrieg ausgetragen. Jeden Abend, wenn er heimkam von der Arbeit, setzte er sich auf das Sofa und zog sich die Socken aus. Er selbst ging später in ein anderes Zimmer, doch die Socken blieben, wo sie waren. Es machte mich wahnsinnig, weil ein ruhiger und ästhetischer Wohnraum für mich sehr entspannend ist und die Socken am Boden in keiner Hinsicht diesem Ideal entsprachen. Irgendwann sprach ich ihn darauf an und er fragte mich: Welche Socken? Er vermittelte mir glaubwürdig, dass es ihm schlicht und einfach nicht auffiel, dass er die Socken liegen ließ. Darüber hinaus schien er ein anderes Verständnis von Ordnung zu haben. *Er nahm die Socken nicht wahr, weil sie ihm egal waren.* Hmmm – ich grübelte und begann, die Socken selbst wegzuräumen und siehe da, auch ihm fiel es von da an ab und zu auf und er sammelte sie am Ende des Tages ein und legte sie in die Wäschetonne.

Ich finde die Haltung des Archäologen äußerst angenehm. Wenn es an die Auftragsklärung mit dem Management für ein Projekt und in der Folge an erste Interviews geht, bin ich wahnsinnig neugierig, was sich zeigen wird. Besonders faszinierend finde ich, wie sich aus vielen verschiedenen Sichtweisen einer Sachlage langsam ein „3D-Bild" der Situation bildet, das immer vollständiger und facettenreicher wird. Natürlich habe auch ich Schubladen, doch weiß ich, dass sie in vielen Fällen eher hinderlich als hilfreich sind. Und mit jahrzehntelanger Übung gelingt es mir immer besser, jeden Menschen, der mir begegnet, offen und freundlich wahrzunehmen. Schöner Nebeneffekt dieser Haltung ist übrigens, dass die Menschen sich meist ebenso öffnen und oft richtig dankbar sind, dass sie in einer wertfreien Atmosphäre ihre Wahrnehmungen erzählen dürfen.

» Angenommen zu werden als Mensch ist ein natürliches Grundbedürfnis, das uns allen innewohnt.

3.2   Achtsamkeit als Basis

In meinen Zwanzigern, wo ich permanent unter Hochdruck arbeitete, war das allerdings noch schwierig für mich. Eine archäologische Grabung war ausgeschlossen, denn wer weiß, was ich zutage fördern würde? Zusätzlich war es für mich unmöglich, auch nur eine Stunde still zu sitzen und aufmerksam zuzuhören. Die innere Anspannung war zu groß. Die Furcht, meinem inneren Leistungsanspruch nicht zu entsprechen und ein paar unangenehmen Tatsachen ins Auge zu sehen, setzte mich quasi unter Dauerstrom, den ich mit zunehmendem Sportpensum und Alkohol abzubauen versuchte.

Unter solchen Voraussetzungen auf Goldsuche zu gehen ist schwierig. Das Wichtigste war, einen ersten Anker zu setzen, wo ich von dem Gedanken- und Aktivitätsrad eine kleine Auszeit bekam. Nach verschiedenen Experimenten gelang es mir mit Yoga. Das Freundliche an Yoga ist, dass man sich bewegen darf und durch die mit der Bewegung koordinierten Atmung trotzdem zu einem Maß an Ruhe kommt, die Entspannung erlaubt. Mittlerweile ist Yoga für mich in turbulenten Zeiten so etwas wie ein Haltegriff in der U-Bahn – trotz Bewegung des Waggons, schneller Starts und Stopps erlaubt mir der Griff eine aufrechte Haltung und Stabilität. Yoga erlaubt mir einen guten Start in den Tag, auch wenn ich beruflich in ganz Europa unterwegs bin, das Hotelzimmer klein ist und der Wecker früh läutet.

In dieser Phase von Veränderung, wo man noch gar nicht weiß, dass eine Veränderung kommt, ist die größte Empfehlung für Sie: Entspannen Sie sich! Egal wie, aber entspannen Sie sich! Und schauen Sie genauer hin.

»Schulen Sie Ihre Wahrnehmung und schalten Sie einen Gang zurück.

Am besten gelingt das mit meditativen Übungen. Ob geführte Mediationen aus dem Internet, Zen-Sitzen oder konzentrierte kreative Beschäftigungen wie Malen oder Motorrad polieren – alles, was Ihnen hilft, zu sich selbst zu kommen und das Gedankenrad zumindest zu verlangsamen, ist erlaubt! Ich selbst besuchte unlängst z. B. einen Achtsamkeits-Kurs, wo man lernt, sich selbst und seine Umwelt einfach wahrzunehmen, ohne zu bewerten und ohne etwas zu unternehmen. Das ist für viele Menschen ein Ding der Unmöglichkeit. Denn auf Ereignisse mit gewohnten Mitteln und „Lösungen" zu reagieren, ist etwas, das Komplexität reduziert und daher scheinbar erleichtert. Also, wie funktioniert das mir der Achtsamkeit und was bewirkt das genau?

In der Achtsamkeits-Lehre geht es darum, weg von den starken Beeinflussungen von außen hin zu uns selbst und unserer eigenen Wahrheit zu gelangen. Es gibt in jeder Situation eine Position, wo wir uns selbst und unsere Umgebung mit etwas Abstand ansehen und dann entscheiden können, wie wir agieren wollen. Wenn wir das üben, sind wir immer mehr in der Lage, zu wählen, was vom Umfeld für uns relevant ist und was wir vorerst bei Seite stellen. Das heißt, wir lernen, den Automatismus wahrzunehmen, den jeder von uns seit Jahrzehnten betreibt.

Auch in Organisationen „zwingen" wir zu Beginn eines Projektes den Auftraggeber und dann einen größeren Kreis der Belegschaft, auf sich selbst hinzusehen und herauszufinden, wie das Unternehmen wirklich tickt. So wie man beim Tauchen zuerst ausatmen muss, um unter die Oberfläche schauen zu können, kann Achtsamkeit unterstützen, die verborgenen Elemente des „Eisbergs" einer Organisation anzusehen. Nun sind bei einem Eisberg allerdings ca. 6/7 der Masse unter der Wasseroberfläche – es gibt also einiges unter Wasser zu erkunden! Dadurch bekommt man zusätzlich zu den gut sichtbaren wirtschaftlichen Themen und Strukturen (der Spitze des Eisbergs) ein vollständiges Bild mit den darunter liegenden Emotionen, Werten und Traditionen. Gerade am Anfang eines Veränderungsprozesses ist es also wichtig, durch Interviews sowie wiederkehrende Reflexion in Workshops immer wieder in die Tiefen der Organisation abzutauchen um rechtzeitig Kurskorrekturen machen zu können.

Eine achtsame Haltung ist auch für Führungskräfte empfehlenswert. Eine bessere Verbindung zu sich selbst bringt auch eine bessere Verbindung zu den Mitarbeitern und je klarer der Kontakt, desto einfacher und sorgfältiger können Entscheidungen getroffen werden. Vielleicht kennen Sie diesen Aspekt auch von der Theorie U von Otto Scharmer (2014). Er lädt die Menschen ein, äußere Wahrnehmungen mit innerer Weisheit zu verknüpfen und damit das Tor für echte Veränderungen zu öffnen. Dafür müssen Sie sich allerdings davon verabschieden, explizites Wissen als allein selig machende Entscheidungsgrundlage zu sehen und Ihr inneres Erfahrungswissen als Mensch gleichberechtigt dazustellen.

Praxis-Tipp Auch Ihre Mitarbeiter werden es Ihnen danken, wenn Sie ihnen achtsamer entgegentreten und mehr zuhören. Sie werden damit jenseits ihrer Rolle und Aufgaben als Mensch wahrgenommen und das fördert das Wir-Gefühl und die Freude an der Arbeit ganz enorm.

Wenn also wieder einmal eine komische oder unverständliche Email von einem Kollegen kommt und Sie ärgern sich, dann können Sie entweder reagieren wie üblich und sagen: „Ohje, schon wieder so eine blöde Mail von XY, den versteht sowieso keiner." Oder Sie probieren den Archäologen, greifen zum Telefonhörer oder schauen gar persönlich bei dem Kollegen vorbei und fragen ihn: Was meinst du mit dem, was du in der Email geschrieben hast? Und dann hören Sie einfach zu. Ich wiederhole: Sie hören einfach zu! In meinen Coachings bin ich manchmal erstaunt, wie wenig ich zu tun habe. Eine gute Frage zu Beginn und achtsames und mitfühlendes Zuhören kann eine ganze Stunde füllen. Die Menschen wollen gehört werden und erzählen oft sehr bereitwillig, was sie bewegt. Und je höher im Management Sie sich befinden, desto schwieriger ist es erfahrungsgemäß, Gesprächspartner auf Augenhöhe zu finden.

Doch diese Art von Zuhören geht nur mit der entsprechenden Haltung. Sobald Sie in dem Gespräch mit dem Kollegen (oder mit der Schwiegermutter) etwas erreichen wollen, werden Sie das Gehörte mit „nützlich" bzw. „unnütz" bewerten. Der Archäologe kennt diese Unterscheidung nicht. Er hört zu und lernt die Landkarte des Gegenübers ein wenig besser kennen. Die Landkarte entspricht der Denkweise der anderen Person. Die Denkweise der anderen Person entsteht wiederum aus der Summe der Gene und Werte, die sie von den Eltern mitbekommen sowie der Erlebnisse, die sie im Laufe ihres Lebens erfahren hat. Seien Sie neugierig auf Ihre Umwelt und bewerten Sie möglichst wenig und Sie werden sehen, die „Dämmerung" vom Beginn des Kapitels beginnt sich langsam zu lichten und die Potenziale der aktuellen Situation kommen mehr ins Blickfeld.

3.3 Die Dämmerung nutzen

Vor ein paar Jahren hatte ich eine hartnäckige Nebenhöhlenentzündung, die mir die Arbeit insofern erschwerte, dass ich ständig ein dumpfes Gefühl in der Stirnregion hatte und mir vorkam, als müsste ich „durch einen dicken Wattebausch hindurch" denken. Es war lästig, zumal ich eine sehr ungeduldige Kranke bin, die es weder lange im Bett aushält noch gerne zum Arzt geht und schon gar nicht langfristig Medikamente nimmt. Also ging ich trotzdem meiner Arbeit nach und akzeptierte vorerst mein leicht sediertes Denkvermögen. Dann lernte ich bei einer Veranstaltung einen chinesischen Mediziner kennen, der seine Patienten vor allem mit Akupunktur und Kräutertinkturen behandelt. Er hatte eine sehr ruhige und angenehme Ausstrahlung und ich beschloss, einen Termin mit ihm zu vereinbaren um ihm Gelegenheit zu geben, mein Nebenhöhlen-Problem zu „fixen".

Wie vereinbart kam ich um neun Uhr zu dem für 1,5 Stunden angesetzten Termin und erwartete eine kurze Anamnese und eine Behandlung meines chronischen „Verschnupftseins". Doch weit gefehlt – der chinesische Mediziner stellte mir gefühlt 1000 Fragen zu meiner privaten und beruflichen Situation, zu meiner Vergangenheit und meiner Krankheitsgeschichte (die Gott sei Dank eher eine Gesundheitsgeschichte ist). Ich wurde ungeduldig und nervös, weil ich das Bedürfnis nach einer schnellen Lösung hatte und die Fragen mir zunehmend auf den Zahn fühlten, was zur Folge hatte, dass ich sie immer weniger gerne beantwortete bzw. nicht beantworten konnte. Dann sagte er plötzlich: „Ich behandle Sie nicht. Sie haben sehr viel Energie, doch Sie nutzen sie nicht. Sie brauchen nur nach Hause gehen und täglich über ihr Leben nachdenken und darüber, wie Sie es gestalten wollen. Das reicht."

Ich war zunächst überrascht und dann verärgert. Schließlich hatte ich schönes Geld dafür bezahlt, dass ich eine Medizin bekommen und wieder gesund werden würde. Als ich dieses Bedürfnis äußerte, wurde mein Gegenüber seinerseits aufgebracht und redete ab diesem Zeitpunkt noch eine Stunde auf mich ein, dass ich gefälligst etwas Disziplin aufbringen sollte, um mich regelmäßig hinzusetzen und einen Fokus in mein Leben zu bringen. Menschen wie ich hätten die Pflicht, ihre Energie für andere Menschen zu nützen und sie nicht mit Tagträumen und Schnupfen zu vergeuden. Wir waren weit über der vereinbarten Zeit, als ich ziemlich verwirrt, aber irgendwie auch energetisiert mit meinem Besen die Praxis verließ. Ja, mit meinem Besen – zufällig hatte ich kurz vorher in einem Laden einen Kehrbesen besorgt, den ich nun wieder mitnahm und auf der Straße sprach mit unmittelbar ein Mann an, ob das denn ein Hexenbesen sei. Ich erwiderte, nein, ich bin eine Hexe und das ist nur mein Besen – daraufhin machte er einen großen Bogen um mich und ging schnell weiter!

Heute kann ich über diese Anekdote schmunzeln, doch tatsächlich hat dieser Termin sehr viel mehr bewirkt, als eine Kräutertinktur oder Akupunktur-Nadel. Denn es war wie ein Ohrfeige für mich. Ich setzte mich daraufhin regenmäßig still hin, ließ meine kreisenden Gedanken zur Ruhe kommen und sah mir meine privaten und beruflichen Unstimmigkeiten etwas näher an. Dies bewirkte eine langsame Klärung meines geistigen Dämmerschlafes, der sich im Außen durch chronischen Schnupfen manifestiert hatte. Ich erkannte, dass ich mich in den vergangenen Jahren zu sehr hinter mein künstlerisches Schaffen zurückgezogen hatte und viel zu wenig bei den Menschen da draußen war. Daraufhin entschied ich, mein wirtschaftliches Standbein wieder stark zu aktivieren und fühlte mich bald wieder kraftvoll und wie neu geboren. Ein paar Wochen später merkte ich, dass meine Nebenhöhlen wieder völlig frei waren!

Bei mir hatte es nur geringe gesundheitliche Konsequenzen, doch es gibt sicher Menschen, die ernsthaft krank werden, wenn sie zu lange in unpassenden Situationen (und damit im Dämmerschlaf) verharren und in Organisationen kann es fatale Folgen für das Arbeitsklima und letztendlich auch für den Unternehmenserfolg haben.

Beispiel: Eskalation in einem Post-Merger-Prozess

Einmal wurde ich mit einem Kollegen für die Begleitung eines Post-Merger-Prozesses in einem österreichischen Unternehmen engagiert. Der offizielle Zusammenschluss war bereits ein Jahr zuvor vollzogen worden und erste Anzeichen von Unstimmigkeiten in der neuen Organisation wurden übersehen oder bagatellisiert. Nun war die Stimmung im Unternehmen so eskaliert, dass externe Unterstützung angefordert wurde. Die Interviews waren extrem emotional, die Fronten zwischen den Mitarbeitern der beiden ehemaligen Organisationen durch verschiedene verletzende Ereignisse verhärtet und die Stimmung aggressiv. Zusätzlich richtete sich der ganze Zorn auf den neuen Geschäftsführer der Organisation, der vormals der Chef von *einem* der früheren Unternehmen war.

Es kostete Zeit und Geduld, beide Seiten zu hören, alte Gewohnheiten zu verabschieden und einen konstruktiven Umgang miteinander zu finden. Die emotionalen Spannungen banden nach wie vor viel Energie und wirkten sich auf die Effizienz aus. Nach einem weiteren Jahr ruckelte sich das Organisationssystem durch einige personelle und strukturelle Veränderungen langsam zurecht und ein neuer Unternehmenskurs konnte langsam greifen.

Dieses Beispiel zeigt, dass es sehr ungemütlich werden kann, wenn man die Phase der Dämmerung nicht ausreichend nutzt. Ich gebe zu, dass es gerade bei einem Merger nicht einfach ist, alle Ebenen des Zusammenschlusses im Blick zu haben und rechtzeitig gegenzusteuern. Verträge müssen geschlossen, Abläufe synchronisiert und Führungspositionen neu besetzt bzw. Redundanzen vermieden werden. Wie so oft wird der Erfolg oder Misserfolg eines Projekts aber auf der Beziehungs-Ebene entschieden.

In Abb. 3.1 sehen Sie das Dreieck Strategie-Kultur-Struktur. Diese „Dreifaltigkeit" kommt in vielen Management-Modellen vor und ist ein hilfreicher Kompass dafür, was man in Change-Prozessen beachten sollte. Gerade in Zeiten der „Dämmerung" ist es sehr hilfreich, diese drei Aspekte im Blick zu halten und zu durchleuchten. Die Leitfragen dazu lauten:

Haben wir eine klare Strategie? Passt sie noch zu den aktuellen Anforderungen?
Welche Strukturen sind überholt? Was brauchen wir in Zukunft?

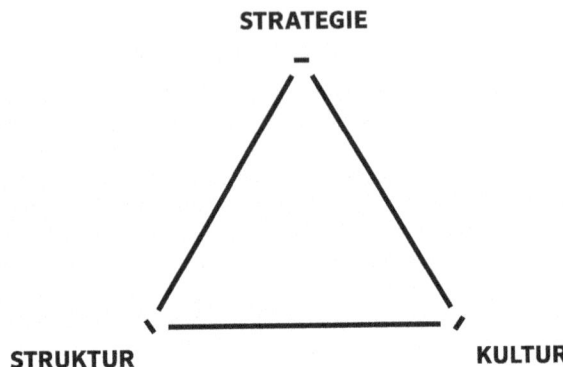

Abb. 3.1   Dreieck Strategie-Kultur-Struktur

Wie sieht die Kultur unserer Zusammenarbeit aus? Was läuft gut, was weniger?

Die Entscheidungen im Bereich Strategie und Struktur sind oft schnell gefällt, doch der Schlüssel für eine Veränderung liegt meist im kulturellen Bereich. Die Kultur ist die Art und Weise, wie in einer Organisation zusammengearbeitet wird und basiert auf Werten, Einstellungen, Gewohnheiten, Haltungen usw. Sie ist schwer messbar und es dauert lange, sie zu verändern. Der Grund dafür? Der Mensch! Um Näheres über die Kultur in einem Unternehmen herauszufinden, ist es daher empfehlenswert, mit den Leuten in Kontakt zu treten und die bereits erwähnte „Archäologen-Brille" aufzusetzen. Die ist zwar nicht rosarot, doch so neutral, dass man mehr und mehr versteht, wie die Menschen ticken und worum es in der aktuellen Situation gerade geht.

Denn es können erst dann konkrete Änderungen beschlossen werden, wenn man wirklich verstanden hat, was in der Organisation wirklich läuft. Doch dazu mehr im nächsten Kapitel …

Fazit: Die Dämmerung einer Veränderung
Wenn die Irritationen im Umfeld zunehmen und man noch nicht genau weiß, worum es geht – dann ist folgendes zu empfehlen:

- Werden Sie zum Archäologen und finden Sie heraus, was andere Menschen zur Situation denken.
- Bleiben Sie achtsam und ruhig und verfallen Sie nicht in Aktionismus. Entspannen Sie sich und nehmen Sie möglichst neutral wahr, was eigentlich los ist.
- Nutzen Sie die Dämmerung für eine persönliche Standortbestimmung zu den drei Aspekten Strategie, Struktur und Kultur.

4

Die Erkenntnis

Zusammenfassung In der Phase der Erkenntnis braucht es große Ehrlichkeit und Mut. Denn das, was bei einer ausführlichen Standortbestimmung zu Tage tritt, ist manchmal unbequem. Themen, die man in der Dämmerung noch nicht benennen konnte, werden jetzt offensichtlich und besprechbar. Dies können unangenehme Tatsachen sein, aber auch große Potenziale, die einem ganz neue Möglichkeiten und Chancen eröffnen. In jedem Fall ist die Erkenntnis eine notwendige Phase in einem Veränderungszyklus, um anschließend erste Schritte in eine neue Richtung machen zu können. Oft ist es verlockend, ohne viel zu überlegen neue Wege zu gehen, doch in komplexen Situationen bewährt es sich, verschiedene Blickwinkel einzuholen und kurz innezuhalten, bevor es losgeht.

Frühjahr 2000

Ich saß in dem Seminar und hörte wie durch einen Nebel die anderen Teilnehmer über ihre Erfahrungen erzählen. Mein ganzer Körper zitterte und ich hoffte, dass die anderen es nicht bemerken. Die Anspannung durchdrang mein ganzes Sein und gleichzeitig war eine Leere in mir, die nur mehr mit noch mehr Aktivität zu füllen war. Es war das Seminar

„Noch mehr Leistung in kürzerer Zeit durch Power Napping" und ich wollte es wie üblich gut machen, noch mehr Leistung bringen und den Vorschlägen des Seminarleiters gerecht werden. Doch irgendetwas in mir wusste, dass ich am Limit war. Am Limit dessen, was ich aushalten und ertragen wollte.

Das Jahr fing nicht gut an. Meine langjährige Partnerschaft ging im Januar in Brüche. Die schleichende Entfremdung gipfelte in ein nüchternes Ende, wo keiner um den anderen kämpfte. Es war einfach aus und ich zog vorübergehend zu meinem Bruder. Als ich bei ihm wohnte, bemerkte ich, dass er ein sehr unstetes Leben führte. Er sagte, ich könne in seinem Bett schlafen, denn er sei nie zuhause und übernachte immer irgendwo anders. Wenn er allerdings kurz vorbeikam, dann trank er und zwar erstaunlich viel und zu jeder Tages- und Nachtzeit. Ich war sehr bestürzt und schlug ihm verschiedene Einrichtungen vor, die ihm helfen könnten, doch er wollte nichts davon wissen.

Im März erfuhr ich, dass mein Vater an den Folgen jahrelangen Alkoholismus gestorben war und der Verdacht, dass mein Bruder in seine Fußstapfen trat, bestätigte sich. Mit meinem Vater verband mich oberflächlich gesehen nicht viel. Er war sehr jähzornig, laut und für uns Kinder kaum präsent. Die stärkste Erinnerung, die ich an ihn habe, ist jene von Streit am Küchentisch und zwar jeden Sonntag beim Mittagessen im Familienkreis. Nach der Scheidung meiner Eltern hatte ich nur mehr sporadisch Kontakt zu ihm.

Mir war das alles zu viel und ich lenkte mich ab. Ich arbeitete hart, trieb Sport und tanzte jede zweite Nacht Salsa bis drei Uhr morgens. Ich funktionierte. Im Mai sah ich die bereits erwähnte Seminarankündigung und meldete mich sofort an. Doch das Seminar brachte nicht die erwünschte Wirkung. Stattdessen erkannte ich, dass ich mit meinen 30 Jahren zwar eine Leistungsmaschine, aber ein emotionales Wrack war …

Die Erkenntnis ist die Phase, wo es nicht mehr möglich ist, wegzusehen. Die „Beweise" verdichten sich und die Gewissheit, dass etwas nicht mehr passt, wird immer größer. Nach den archäologischen Grabungsarbeiten in der Dämmerungsphase kommt der vollständige Scherbenhaufen einer Situation zum Vorschein. So schwierig dieser Haufen manchmal ist, es ist aus meiner Sicht der allerwichtigste Punkt in einem Veränderungsprozess. Denn mein Lieblingssatz, den sich jeder meiner Kunden mindestens einmal anhören muss, lautet:

»Man kann nur von dort weggehen, wo man tatsächlich ist.

Solange man sich in einer Illusion befindet und es aus welchen Gründen auch immer nicht möglich ist, das vollständige Bild der Situation zu sehen, hat man keinen ernsthaften Handlungsbedarf, läuft womöglich in eine ungünstige Richtung oder wiederholt mehr vom Gleichen. Dabei ist es verständlich, dass Führungskräfte ungern zugeben, dass ihre Abteilung einem „Scherbenhaufen" gleicht bzw. gar nicht erst versuchen, Näheres über Unstimmigkeiten herauszufinden. Die Ahnung, dass sie die „selbst eingebrockte Suppe" auch auslöffeln müssten, ist meist gerechtfertigt und wenn die Fakten einmal auf dem Tisch liegen, kann man unschwer sagen: „Das geht mich eigentlich gar nichts an!" Doch diese Haltung kann unangenehm enden. Wenn man Missständen zu lange zusieht und nichts unternimmt, ist eine Konsequenz wie Abmahnung, Versetzung oder gar Kündigung viel wahrscheinlicher als wenn man „die Kröte schluckt", die Ärmeln aufkrempelt und mit einer Verbesserung – sprich Veränderung – startet.

Wenn man nicht weiß, wo man genau steht, kann man unmöglich etwas verbessern. Vorigen Sommer unternahm ich mit meinen beiden Söhnen eine Hüttenwanderung – eine Woche auf dem Karnischen Höhenweg an der Grenze zwischen Österreich und Italien von Hütte zu Hütte. Es war wunderschön und wir gingen fast immer oben entlang des Grates. Einmal war der Weg undeutlich beschriftet und nach einiger Zeit hatte ich keine Ahnung mehr, wo wir waren. Gleichzeitig zog ein Gewitter auf und ich wusste, dass die nächste Hütte noch mehrere Stunden entfernt ist. Einfach schnell weiterzulaufen wäre in dieser Situation aber fatal gewesen – vielleicht wären wir zufällig irgendwann wieder auf den richtigen Weg und damit auch zur nächsten Hütte gelangt. Doch vielleicht auch nicht. Wenn man mit Kindern in 2500 m Höhe auf einem Grat ist und ein Gewitter aufzieht, hört sich sogar bei mir als erfahrene Bergsteigerin der Spaß auf! Ich *musste* mir in dieser Situation also trotz Eile Zeit nehmen, die Wanderkarte herauskramen und das Gelände analysieren, um herauszufinden, wo wir waren. Glücklicherweise war ein anderer Wanderer ebenfalls falsch abgebogen und ich fragte ihn um Unterstützung. Er aktivierte sein GPS, das allerdings nur wenig weiterhalf – doch gemeinsam kamen wir zu einer passablen Standortbestimmung und Entscheidung, dass wir ein Stück zurückgehen sollten, um auf den korrekten Weg zu gelangen. Es war die richtige Richtung und wir erreichten gefahrlos die nächste Übernachtungsmöglichkeit.

Praxis-Tipp Verantwortliche in Unternehmen hasten in schwierigen Situationen oft zu schnell weiter, um möglichst schnell „am Ziel" zu sein – doch oft stellt sich bei einer ehrlichen Standortbestimmung heraus, dass das ursprüngliche Ziel gar nicht mehr wichtig ist oder man die Situation völlig falsch eingeschätzt hat. Dabei ist es auch wichtig, den *eigenen* Beitrag zur aktuellen Situation wahrzunehmen, denn komplexe Probleme entwickeln sich immer im Zusammenspiel von Entscheidungen mehrerer Personen.

Beispiel: Akzeptanz als Basis für Veränderungen

In dem bereits erwähnten Produktionsbetrieb wurde durch das genauere Hinsehen und -hören bei zahlreichen Gruppen- und Einzelinterviews erst deutlich, dass nicht nur die Einstellung zum Umgang mit Qualität zu verbessern war, sondern der gesamte Standort ein massives Qualitätsproblem in vielen Bereichen hatte. Jahrelanges Streben nach mehr Effizienz und Produktionsmengen hatten die Qualität der Produkte und der Zusammenarbeit zwangsläufig reduziert und das Schlimmste daran war, dass dies den Produktions-Mitarbeitern völlig bewusst war. Sie befolgten nur die Anordnungen von oben und die hieß: Möglichst viel produzieren! Auch wenn bereits eine Kursänderung verkündet wurde, wurde diese nicht wahrgenommen, weil alle wie getrieben auf Schienen liefen, als wäre ein Schnellzug hinter ihnen her.

Als wir dem Leitungsteam die Ergebnisse der Interviews präsentierten, gab es betretene Gesichter. Doch nach einigen Widerständen und Rechtfertigungen folgte schließlich die Erkenntnis, dass sich etwas verändern musste und zwar sehr viel und sehr rasch, wenn die Niederlassung mittelfristig wettbewerbsfähig bleiben wollte. Auch das Management gab auf einer Veranstaltung zu, dass der Kurs der Vergangenheit nicht immer richtig war. Das war gut. Nun war die Bereitschaft da, den relevanten Personen Zeit für gemeinsame Workshops zu geben und einen neuen Ansatz für einen Veränderungsprozess zu starten.

4.1   Der ehrliche Blick

Allein die Erinnerung an das Jahr, wo mein Vater starb, lässt mein altes Ohnmachtsgefühl wieder aufleben. Allerdings hat es keine Kraft mehr, weil ich in der Zwischenzeit gelernt habe, dass der Mensch *immer* einen Handlungsspielraum hat, den er wahrnehmen kann. Die erste, schmerzhafte Erkenntnis damals war, dass ich mit meinem bisher gewohnten Verhaltensmuster – wenn etwas schwierig wird, dann musst du mehr und härter arbeiten und das Problem wird gelöst – nicht mehr weiterkam. Im Gegenteil, je hyperaktiver ich wurde, desto starrer wurde ich in meinem Denken und Handeln und schließlich gab mir auch mein Körper deutliche Signale, dass er an die Grenzen der Belastbarkeit kam. Mein Magen rebellierte zunehmend. Still sitzen war schon lange eine Qual für mich und noch schlimmer: Ich verachtete alle Menschen, die sich regelmäßig auf der Couch entspannten und war stolz darauf, wieviel ich leisten konnte.

Diese Einsicht von damals ist auch heute etwas, das mich leitet: Es macht keinen Sinn, neue und komplexe Probleme mit den gewohnten Mitteln und Lösungswegen zu bearbeiten. Schon Einstein sagte, dass man Probleme niemals mit derselben Denkweise lösen könne, durch die sie entstanden sind. Diese Erkenntnis spiegelt sich auch in einer unserer häufig in Beratungsprojekten angewandten Vorgangsweisen: Anstatt direkt vom Problem zur Lösung zu hetzen (durchgestrichener Pfeil), bitten wir die für die Thematik relevanten Personen, sich etwas Zeit zu nehmen um mit uns eine kleine Schleife zu drehen (siehe Abb. 4.1).

In dieser Schleife holen wir als ersten Schritt mehr Informationen von verschiedenen Seiten, Blickwinkeln, Personen ein (Ist-Situation Abb. 4.1). Dann sehen wir uns die gesammelten Informationen an und lassen unserer Fantasie freien Lauf. Was könnte dahinterstecken, dass die Situation so ist, wie sie ist? Wenn z. B. die Zusammenarbeit zwischen zwei Abteilungen schwierig ist, könnte es daran liegen, dass

- die Führungskultur sehr unterschiedlich ist
- die Abteilungen widersprüchliche Vorgaben von oben haben
- die Struktur für die Zusammenarbeit nicht passend ist usw.

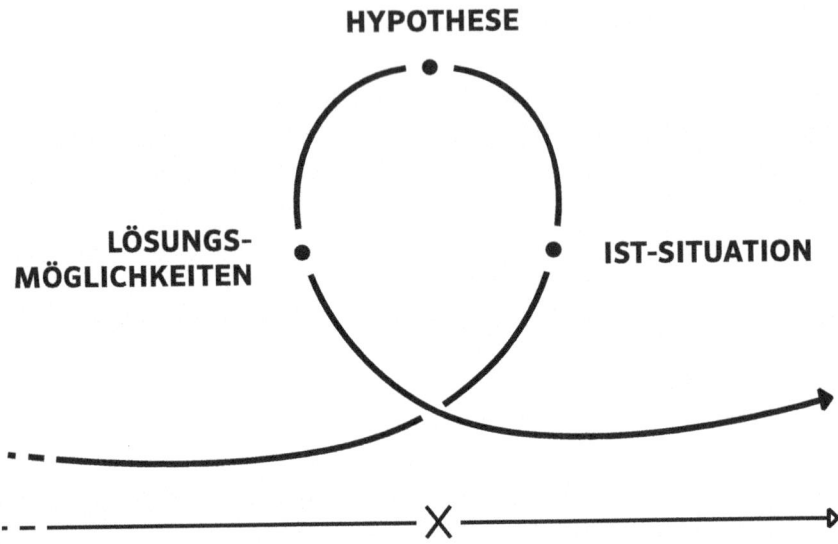

Abb. 4.1 Die systemische Schleife. (Quelle: In Anlehnung an Königswieser und Hillebrand 2015, S. 46)

All das sind sogenannte Hypothesen (siehe Abb. 4.1) zur Situation, die alle stimmen oder alle nicht stimmen. Erst dann, nachdem auch die Hypothesen im Raum sind, ist es erlaubt, an mögliche Lösungen oder Maßnahmen zu denken – und dann sind meistens auch Wege möglich, die ein wenig über den Tellerrand des bisher Gewohnten reichen. Vielleicht haben Sie Lust, in einem der nächsten Meetings eine bewährte Methode für das Sammeln von Informationen zu einer Sachlage auszuprobieren.

Praxis-Tipp „Denkende Runde" Wenn es in Ihrem Arbeitsalltag eine verzwickte Situation gibt, die nicht so einfach zu lösen scheint, laden Sie Ihr Team und eventuell noch ein paar andere Personen ein, die mit dieser Situation zu tun haben. Nach einer kurzen Einführung bitten Sie die Anwesenden, dass einer nach dem anderen seine Sichtweise zu dem Thema erzählt. Zum Beispiel beginnt die Person links von Ihnen und danach kommt reihum jeder dran. Dabei ist ganz wichtig: *Während einer spricht, sind die anderen still und hören nur zu!* Nachdem eine Runde vorbei ist, beginnt erneut die Person links von ihnen und so weiter.

Wenn jemandem nichts mehr einfällt, sagt er „weiter" und der Nächste ist an der Reihe. Nach ca. drei Runden sollten alle Fakten am Tisch liegen und Sie haben möglicherweise ein ganz neues Bild von der Situation.

Diese Methode braucht ein wenig Disziplin und Moderation, doch es wird in der Regel sichergestellt, dass nichts ungesagt bleibt.

Beispiel: Lernen aus einem misslungenen Quartals-Meeting

In einem Produktionsbetrieb ist zum wiederholten Male eine wichtige Quartalsbesprechung in Streit ausgeartet, sodass danach alle Beteiligten genervt und von den mangelnden Ergebnissen enttäuscht waren. Kurz danach hatten wir zwei der beteiligten Teams in einem Workshop sitzen und wir nahmen den „Flop" der Quartalsbesprechung als Fallbeispiel für eine gemeinsame Systemische Schleife (siehe Abb. 4.1). Für die Analyse der Ist-Situation verwendeten wir die oben erwähnte Denkende Runde, wo jeder Gelegenheit hatte, sich zu äußern. Zu Beginn musste ich mehrmals darauf hinweisen, dass immer nur *einer* spricht, da es durchaus emotionale Reaktionen auf einzelne Erzählungen gab. Doch nach ein paar Minuten waren alle im Flow und hörten wie gebannt zu. Die Sichtweisen waren so unterschiedlich, dass es auch für uns Berater sehr spannend war, zuzuhören und langsam ein Bild zu bekommen, welche Dynamiken in dieser Quartalsbesprechung und dahinter auch in den Teams herrschten. Unter anderem wurde klar, dass einzelne Teams schlecht vorbereitet waren, die Rollen und die Aufgabeverteilung unklar verteilt waren, teilweise die falschen Personen bei dem Meeting anwesend waren und v.a. niemand dem anderen zuhörte.

Auch das Hypothesenbilden brachte einige Aha-Erlebnisse und schließlich purzelten die Verbesserungsvorschläge für die nächste Quartalsbesprechung nur so aus den Leuten heraus. Am Ende der Schleife waren sich alle einig: Obwohl es zunächst so wirkte, dass diese „Denkende Runde" verlorene Zeit wäre, hatten sie noch nie so schnell eine Situation so ausführlich analysiert und gemeinsam Verbesserungen beschlossen.

Im Jahr 2000 hatte ich noch eine zweite sehr schmerzhafte Erkenntnis: Ich hatte sehr schädliche Verhaltensmuster in meiner Familie wahrgenommen und wollte mich daraus befreien. Doch das hieß noch lange nicht, dass auch andere Familienmitglieder die gleiche Einsicht hatten und einen Musterbruch anstrebten. Bitter musste ich feststellen, dass man Menschen mit schädlichen Gewohnheiten oder gar Süchten zwar

Unterstützung anbieten kann, doch die Veränderung wollen müssen sie selbst. Eines unserer Familienmuster bestand daraus, dass jede Art von emotionaler Anspannung unterdrückt und ihr entweder mit berauschenden Substanzen oder stillem Erdulden begegnet wurde. Nur fallweise machte sich die Spannung in Aggression Luft, die wir als Kinder sehr heftig und als ungerecht erlebten, weil sich viel angestaut hatte. Doch nicht nur die negativen Gefühle wurden unterdrückt, sondern auch die positiven. So lernte ich in jahrelanger Übung, meine Lebensfreude und Begeisterung für Kreativität zu reduzieren, um brav mit dem Strom zu schwimmen und nicht aufzufallen.

Wie schade. In jahrelanger Übung mit verschiedensten Methoden, lernte ich, dass es extrem wertvoll ist, rechtzeitig über negative Gefühle zu sprechen und die positiven als „Turbo" für große Vorhaben zu nutzen. Ich lernte, mich zuzumuten, in Kontakt zu gehen und meine Meinung laut und deutlich zu vertreten. Die Quellen dieser für mich lebensrettenden Veränderung waren vielfältig, doch am meisten halfen mir Seminare, wo ich gezwungen war, mich mit anderen Menschen auseinanderzusetzen – und zwar egal, ob verbal, kognitiv oder kreativ. Kontakt kann man im Tanz, in philosophischen Diskursen oder in einer Chorgruppe ebenso lernen wie in Seminaren für Verhandlungstechnik, Coaching-Ausbildungen und Selbsterfahrungsseminaren. Allerdings sollte man sich mit Hirn *und* Herz auf die Inhalte und die Menschen einlassen, um wirklich etwas dazuzulernen. Sicherheit im Umgang mit anderen Menschen lernt man nur, wenn alle Teile von einem selbst beteiligt sind.

Ich lernte in den vielen Jahren allerdings auch, dass nicht jeder etwas Neues lernen will und man bei persönlichen Veränderungen manchmal andere Personen zurücklassen muss, um weiterzukommen.

》Sie werden nie alle auf die Reise mitnehmen können und es kostet sehr viel Energie, die Menschen mit dem größten Widerstand gegen eine Veränderung zu gewinnen.

Das ist schwierig zu akzeptieren und auch ein häufiges Phänomen in Organisationen. Nicht nur einmal habe ich in Veränderungsprojekten erlebt, dass Personen nachhaltig an ihrer Position gehalten wurden, obwohl es bereits offensichtlich war, dass sie zum neuen Kurs nicht mehr dazu passen. In manchen Fällen werden sogar ganze Organigramme rund um eine neuralgische Person gebaut. Ich stelle dann immer die Frage: Angenommen, diese Person würde plötzlich nach Australien reisen und aus unbekannten Gründen nie mehr wiederkommen – wie würde Sie das Organigramm *dann* gestalten? Meist erhellt sich dann das Gesicht des Gegenübers und er oder sie weiß genau, wie die im Moment oder für die Zukunft passende Struktur idealerweise aussehen würde. So ein kleines Gedankenexperiment kann viel bewirken …

4.2   Positive Verstärker

In Change-Projekten ist es ohnehin zu empfehlen, sich zunächst auf jene Personen zu fokussieren, die *mit* Ihnen gehen wollen. Sehen Sie sich in der Organisation um und finden Sie heraus, wer Ihre positiven Verstärker sind! Es sind jene Menschen, die proaktiv an die Arbeit gehen, ihr Wissen gerne teilen, ein offenes Herz haben und neugierig auf Veränderungen sind. Kim Cameron spricht in einem seiner Bücher (Cameron 2012) über diese positiven bzw. negativen Verstärker als *Energizer* und *De-Energizer*. In Tab. 4.1 sehen Sie die Eigenschaften, die er diesen beiden Typen zuschreibt:

Sagen Sie jetzt bitte nicht, dass Sie keine Energizer in Ihrem Unternehmen haben! Es gibt sie ganz sicher, nur haben Sie sich vielleicht noch nicht mit ihnen auseinandergesetzt. Gehen Sie ab sofort mit offenen Augen, Ohren und Herzen durch den Alltag und knüpfen Sie Ihr positives Netzwerk. Doch bitte suchen Sie nicht nach „reinrassigen" Energizern! Jeder Mensch trägt immer beide Aspekte in sich und auch der kritische Blick eines De-Energizers kann manchmal hilfreich sein. Oft höre ich an dieser Stelle: Was mache ich, wenn mein Chef der größte Widersacher ist? Das ist zugegeben schwierig, denn Veränderungen sind natürlich viel leichter umzusetzen, wenn das Top-Management dahintersteht. Doch auch hier ist es einen Versuch wert, rund um den Chef herum eine posi-

Tab. 4.1 Eigenschaften von Energizern und De-Energizern. (Quelle: Frei übersetzt aus Cameron 2012)

Energizer	De-Energizer
Sie sehen Möglichkeiten	Sie sehen vorwiegend Hindernisse
Sie lösen Probleme	Sie kreieren Probleme
Sie sind verlässlich	Sie bringen die Dinge nicht zu Ende
Sie benutzen eine wertschätzende Sprache	Sie verhindern, dass andere geschätzt werden
Sie unterstützen andere Menschen	Sie kümmern sich nicht um andere
Sie sind achtsam und voll engagiert	Sie überhöhen sich selbst
Sie sind vertrauenswürdig und integer	Sie sind unflexibel im Denken
Sie sind authentisch	Sie sind eher künstlich und unauthentisch
Sie lachen gerne	Sie sind eher negativ und ernst
Sie sind dankbar und bescheiden	Sie sind sehr kritisch

tive und kreative Veränderungskultur aufzubauen, sodass er irgendwann schlicht und einfach neugierig wird, welche Optionen es neben seinen eigenen noch geben könnte.

Und das führt mich zur dritten Erkenntnis damals – anno 2000: Die Rahmenbedingungen waren gerade nicht einfach und meine Familie und Freunde erlebte ich als nicht sehr unterstützend, doch ich hatte immer noch meinen größten Schatz: meine eigene Kraft und meinen Willen, aus meinem Leben etwas zu machen. Das, was ich mit 19 Jahren im Gespräch mit meinem Vater erstmals bewusst wahrgenommen hatte, spürte ich ein Jahrzehnt später wieder, wenn auch sehr tief in meinem Inneren versteckt: Es ist *mein* Leben und ich habe *immer* die Wahl, wie ich es gestalte und mit welcher Einstellung ich die Welt betrachte!

Ich danke dem Leben immer wieder für meine Fähigkeit, in Situationen nicht nur die Schwierigkeiten, sondern auch die Potenziale wahrzunehmen. Manchmal sind die positiven Aspekte ganz klein, in anderen Fällen sieht man plötzlich eine riesige Schatztruhe, die einem direkt vor den Füßen liegt. Während man in der Dämmerung, also wenn die Veränderung sich erst schemenhaft abzeichnet, ständig über den imaginären Deckel der Schatzkiste stolpert, nimmt man die ganze Schatztruhe in der Phase der Erkenntnis endlich wahr – man kann sie jetzt öffnen und über das viele Gold staunen!

Praxis-Tipp Der Augenblick, wo die Bereitschaft da ist, die ganze Misere anzusehen und daneben auch den ganzen Schatz zu sehen, den man bereits hat, ist höchst interessant. Ich wage sogar zu behaupten, dass ein Projekt nur dann gelingen kann, wenn alle relevanten Personen – d. s. jene, die wichtig für das Gelingen des Projekts sind – die Gesamtsituation zumindest einmal ehrlich betrachtet haben. Allen voran natürlich das obere Management.

Sehr oft werden die Probleme recht gut gesehen, doch die positiven Aspekte ausgeblendet. Das deutliche Wahrnehmen von Gefahren ist übrigens eine sehr menschliche Eigenschaft, die zu einem früheren Zeitpunkt der Evolution mehr ihre Berechtigung hatte als heute. Immer auf der Hut vor dem Säbelzahntiger zu sein, machte für Neandertaler durchaus Sinn. In der heutigen zivilisierten Welt ist diese dominante Wahrnehmung von Problemen und Gefahren meist nicht mehr angemessen.

» Es wäre hilfreich, wenn wir mehr wahrnehmen würden, wie wunderbar diese Welt, die Menschen in ihr und das Leben im Allgemeinen ist.

Es gibt mittlerweile ganze Beratungsansätze, die sich auf die sogenannte positive Psychologie stützen. Die Würdigung dessen, was bereits gut läuft in der Organisation, steht hier an oberster Stelle und stellt die große Ressource dar, auf der aufgebaut werden kann. Auch wenn ich ein großer Fan davon bin, das Gute wahrzunehmen und zu würdigen, finde ich es in der Erkenntnisphase dennoch gut, beides – die Herausforderungen und die Schätze – nebeneinander zu sehen und mit dieser Gesamtsicht in eine Veränderung zu starten. Die Wahrnehmung, was denn nun „schlecht" oder „gut" in der Organisation läuft, ist jedoch auf verschiedenen Ebenen manchmal sehr unterschiedlich …

4.3   Perspektivwechsel

Führungskräfte sind gewohnt, auf einer anderen Flughöhe zu agieren und wahrzunehmen als ihre Mitarbeiter. Das ist grundsätzlich auch gut so. Schließlich sind sie es, die den strategischen Überblick behalten, Prozesse steuern und ihren Mitarbeitern den Rahmen für die Arbeit setzen sollen. Die Kehrseite der Medaille ist, dass v.a. die höheren Führungskräfte manchmal den Kontakt zur Basis verlieren und nur mehr einen Ausschnitt der Unternehmenswelt wahrnehmen. So kommt es in der Analysephase von Projekten manchmal zu sehr emotionalen Ausbrüchen im Top-Management, wenn sie hören, dass ihre Mitarbeiter gar nicht eigenverantwortlich arbeiten *können*, weil sich das Management ständig einmischt. Oder das Leitungsteam erfährt, dass die Kundenorientierung im chaotischen Call Center viel höher ist als angenommen, die Mitarbeitenden sich förmlich zerreißen im Sinne der Kunden und der Grund für das Chaos eher bei einem Führungsvakuum oder unklaren Rollen und Verantwortlichkeiten zu orten ist.

Umgekehrt nehmen die operativ tätigen Menschen in einer Organisation meist einen ganz anderen Ausschnitt der Wirklichkeit wahr wie die Führungskräfte. Und die Mitarbeiter einer Abteilung haben wiederum eine andere Wahrnehmung wie jene einer anderen Abteilung. Der Vertrieb nervt die Produktion und die da oben haben sowieso keine Ahnung. Ist doch klar, oder? *Alle* gehen davon aus, dass ihre Sichtweise die einzige und richtige ist. Dazu erzähle ich ihnen von einem interessanten Experiment:

> **Beispiel: Perspektivwechsel verbindet**
>
> Ein dänischer TV-Sender plante ein Werbevideo und produzierte damit scheinbar unabsichtlich eine der besten Dokumentationen, was eingeschränkte Perspektiven bewirken und v.a. wie unglaublich heilsam das Aufbrechen dieser einseitigen Blickwinkel und das Bilden neuer Gemeinsamkeiten ist. Er lud jeweils mehrere Personen verschiedener Gruppen ein, die in ihrem typischen Outfit zu dem Experiment in einem Studio erschienen. Am Boden waren Inseln aufgezeichnet, wo die verschiedenen Gruppen wie „Anzugträger", „Sportler", „Arme", „Migranten", „Tätowierte" usw. sich zusammenstellten. Zusätzlich gab es einen großen Bereich, der leer war und als Bühne verwendet wurde.

Der Moderator begann nun, Fragen zu stellen, die teilweise sehr persönlich waren und die die Anwesenden ehrlich beantworten sollten, z. B. Wer war in der Schule der Klassenclown? Wer wurde schon einmal gemobbt? Wer hat schon einmal jemanden gemobbt? Wer tanzt gerne? Wer glaubt an ein Leben nach dem Tod? Usw. Nach jeder Frage sollten jene Personen auf die Bühne gehen, die jeweils mit JA antworteten und so entstanden immer neue Schnittmengen von allen Gruppen. Durch diese neu gebildeten und sichtbar gemachten Schnittmengen entstand eine ganz neue Verbundenheit zwischen den Menschen im Studio und die Vorurteile, die den Leuten zu Beginn förmlich ins Gesicht geschrieben waren, schmolzen im Licht der Anteilnahme und persönlichen Betroffenheit.

Wenn Sie auf www.youtube.com in der Suchfunktion „All That We Share" eingeben, können Sie sich dieses Video mit englischen Untertiteln ansehen.

Oft wissen Menschen in Organisationen gar nicht, welche Gemeinsamkeiten es geben könnte. Wenn wir zu Beginn eines Workshops in einem Veränderungsprozess eine Übung anleiten, wo je vier Personen mindestens vier Aktivitäten bzw. Vorlieben finden sollen, die sie verbinden, ist die Stimmung im Anschluss an die Übung oft sehr gelöst. Umso erstaunlicher ist es, dass Mitarbeiter manchmal jahrelang nicht wissen, welche ähnlichen Erfahrungen sie mit anderen Menschen aus der Organisation haben. Zu Beginn eines Projektes ist es für uns als Berater also immer spannend, wenn Leute aus den unterschiedlichsten Bereichen und Ebenen in Interviews gehört, die entstehenden Bilder übereinandergelegt und allen Interviewten präsentiert werden. Der gesamte „Scherbenhaufen" des Archäologen liegt dann vor einem und das gesamte Potenzial, aus diesem Haufen etwas Wertvolles zu gestalten ebenso.

>> Mit der Darstellung einer Situation aus verschiedenen Perspektiven ist Erkenntnis und Betroffenheit auf breiter Basis möglich und dann entsteht die so wichtige Veränderungsenergie auf allen Ebenen.

Genau diese Emotion brauchen wir am Beginn einer Veränderung. Das ist der „sense of urgency", der Menschen zum Nachdenken bringt und manchmal auch entspannt. Ja, Sie lesen richtig – entspannt! Denn endlich ist alles am Tisch, was seit längerer Zeit unterschwellig da ist und sich in Gemurmel in der Cafeteria, gegenseitigen Beschuldigungen und zähen Meetings bereits gezeigt hat. Eine Freundin von mir ist Achtsamkeitslehrerin und sie erzählt mir immer wieder von der Notwendigkeit der Entschleunigung, wenn man gute Entscheidungen treffen möchte. Unlängst sagte sie: Nur in Entspannung kann sich etwas Neues entwickeln. Ich musste kurz darüber nachdenken, doch ich kann das aus vielen Projekterfahrungen nur bestätigen. Für einen guten Projektstart braucht es eine Hand voll mächtiger Personen, die eine Veränderung wollen und dann eine möglichst breit gefächerte Durchlichtung der Situation, wo alles auf den Tisch kommt und dann *in Ruhe* betrachtet wird.

Fazit: Die Erkenntnis
Ohne ausführliche Standortbestimmung ist eine Veränderung immer schwierig. In dieser Phase hilft Folgendes:

- Ein ehrlicher Blick auf die gesamte Misere, aber auch auf das gesamte Potenzial einer Situation.
- Fokussieren Sie auf jene Menschen, die Sie jetzt positiv unterstützen und auf Ihre innere Kraft.
- Wechseln Sie die Perspektive – andere Abteilungen, Führungsebenen usw. haben andere Blickwinkel und es ist wichtig, ein gemeinsames Bild herzustellen.

5

Der erste Schritt

Zusammenfassung Einer der größten Fehler, den man in einem Veränderungsprojekt machen kann, ist, schnell und perfekt sein zu wollen. Auch ein großer Change beginnt mit dem ersten Schritt und der darf unbeholfen und unsicher sein. Hauptsache, es geht los. Oft warten Organisationen auf den richtigen Zeitpunkt, die perfekte Strategie oder die charismatische Führungskraft, die alle mitzieht. All dies ist natürlich hilfreich, doch zunächst reichen auch ein paar Pioniere, die neugierig sind, gewohnte Ängste überwinden und die Erlaubnis erhalten, mutig zu experimentieren. Die ersten Fehler werden so schnell getan und man kann rasch gegensteuern. Nach den ersten Erfolgen werden oft auch andere Mitarbeiter neugierig und bieten an, in dem Veränderungsprojekt mitzuwirken.

September 2000

Da war ich nun im ersten Workshop der Ausbildung zum systemischen Einzel- und Teamcoach, für die ich mich im Sommer dieses Jahres spontan entschieden hatte. Wir hatten die Aufgabe bekommen, unser Ziel für die Ausbildung auf einem Flipchart grafisch darzustellen und anschließend zu präsentieren. Ich zeichnete nur zwei Symbole auf: Ein Euro-Zeichen und ein Herz. Erklären konnte ich zu diesem Zeitpunkt noch nicht viel davon – es war nur eine vage Sehnsucht, diese beiden Pole in mir und auch in meiner Arbeit zu vereinen.

Die Ausbildung war auch mein Einstieg in Selbsterfahrung und Reflexion und der war schwierig. Meine Wirkung in der Gruppe war ein Desaster (arrogant, unnahbar, kühl, …) und ich hatte das Gefühl, mein Innerstes in die Auslage zu stellen und andere einzuladen, es zu zerpflücken. Das systemische Weltbild war hoch interessant für mich, auch wenn die Erkenntnis, dass jeder Mensch seine eigene Wirklichkeit hat, ein wahrer Paradigmenwechsel und zu Beginn ganz schwer zu akzeptieren war. Nur langsam bemerkte ich, dass diese Sichtweise viele heilsame Aspekte für mich bereithielt und ich mich zusehends für die Menschen in meiner Umgebung öffnen konnte.

Eine Übung war eine besondere Herausforderung für mich. Wir – die Teilnehmer der Ausbildung, durchwegs Führungskräfte aus verschiedenen Branchen sowie ein paar Berater – saßen einander stundenlang in wechselnder Besetzung zu zweit gegenüber und fragten einander: Wer bist du? Die meisten begannen mit Antworten wie Logistik-Manager, Unternehmensberaterin usw., dann kamen oft anderen Rollen wie Vater, Tochter, usw. und dann kam lange nichts. Es war für alle ein Ringen um ihre innere Botschaft und ihren Selbstwert. Mein Schlusssatz war „Ich bin ein liebenswerter Mensch" und das war wirklich eine ganz neue Idee für mich, dass ich auch ohne Leistung liebenswert sein könnte.

Am Ende jeden Ausbildungsmoduls gab es ein Ritual, was mich anfangs völlig aus der Fassung brachte: Wir wurden angeregt, jeden und jede unserer Kollegen und auch die Ausbildner mit einer Umarmung zu verabschieden. Am Ende des ersten Moduls war ich schweißgebadet – noch nie in meinem Leben hatte ich so viel Nähe und so viel Herzlichkeit meiner Person gegenüber in so kurzer Zeit erfahren. Es war nichts, was ich mir gewünscht hätte und doch hatte ich es anscheinend dringend gebraucht. Das „emotionale Wrack" begann langsam, sich zu erholen und neben die Leistungsschiene die so wichtige Herzensschiene ins Leben zu legen. Es bedeutete für mich, dass ich freundlicher, entspannter und zugänglicher wurde und dennoch meine Ziele verfolgen durfte wie bisher. Kein Entweder-oder mehr, sondern ein Sowohl-als-auch!

In dieser Phase ist man bereit für das Neue im Leben. Meine Haltung gegenüber Menschen hat sich in diesem Jahr der Coaching-Ausbildung

„runderneuert". Wo ich früher in Meetings rauschte und eine Verkaufs-Show abhielt, begann ich nun meine Gespräche mit einer Kontaktaufnahme zu den Menschen. Ich stellte Fragen und wartete auf Antworten. Und irgendwann wusste einerseits mein Gesprächspartner mehr über die Situation und ich auch – eine Einigung oder ein Geschäft waren auf dieser Basis viel leichter zu erreichen. Ich war fasziniert davon, wie die Änderung meiner Haltung zunächst mein Berufsleben und dann auch mein Privatleben veränderte. Wenn die Angst vor den eigenen Gefühlen kleiner wird und man sie zunehmend zulassen kann, spürt man auch die positiven Emotionen mehr. Nicht verwunderlich also, dass ich im Jahr der Ausbildung auch eine neue Liebe fand, die tiefer und inniger als jene zuvor war.

Das Wesentliche an meiner Veränderung damals war, dass ich einen ersten Schritt in eine Richtung gegangen bin, ohne zu wissen, wohin er mich bringen würde. Manchmal, wenn ich meinen Kindern beim Spielen am Handy ein wenig über die Schulter sehe, werde ich an diese Phase der Veränderung erinnert: Das kleine Männchen am Bildschirm (mit irgendeinem klingenden Namen) schafft eine Herausforderung nach der anderen in einer bestimmten Umgebung, man gewöhnt sich an die Umgebung und plötzlich macht es einen weiteren Schritt und „fällt" in eine neue Dimension, in eine neue Welt oder auf ein neues Level. Dort geht es weiter mit neuen Regeln, Umgebungen, Mitspielern usw. Das Männchen ist zwar das gleiche geblieben, jedoch meist erweitert um ein „geiles" Feature.

Mein neues Feature war: In Kontakt mit Menschen kommen. Nicht die oberflächliche Kontaktaufnahme mit Small Talk usw., sondern das echte Interesse an den Menschen, mit denen man zusammenarbeitet, sich trifft oder lebt. Neugierig auf die fremde Landkarte der Gedanken, Verhaltensweisen und Werte anderer Personen sein, sie erforschen, ein Stück weit verstehen und dann idealerweise eine Form der Interaktion finden, wo die Bedürfnisse beider Parteien respektiert werden.

» Sich auf neue Sichtweisen neutral einzulassen, ist einer der Schlüssel für gelungene, proaktive Veränderung.

Das prägt mich bis heute und ich muss zugeben, dass es nicht einfach ist, diese Haltung immer zu leben. Zu verlockend ist es, die eigenen Erfahrungen und Blickwinkel als die einzig wahren zu betrachten und Recht haben zu wollen. Doch Recht haben führt leider zu gar nichts oder jedenfalls nicht zu Veränderung. Oft ist es ein Schlüsselerlebnis für Führungskräfte, wenn wir sie in Workshops zu einer Feedback-Übung einladen. Sie hören dann in wertschätzender Form, wie sie auf andere Personen wirken und wie sie anderen Menschen konstruktive Rückmeldung zu ihrem Verhalten geben können. Das ist für viele immer noch ungewohnt!

> **Beispiel: Ablauf eines Feedback-Gesprächs**
>
> Am Ende eines Strategie-Workshops luden wir die Mitglieder des Leitungsteams ein, eine Feedback-Übung zu machen. Wir erklärten zunächst, dass Feedback möglichst nicht zwischen Tür und Angel und immer achtsam und konkret erfolgen sollte. Auch der Feedback-Nehmer ist gefordert, denn er soll hauptsächlich zuhören, genießen und sich möglichst nicht rechtfertigen. Ein möglicher Ablauf eines Feedback-Gesprächs ist das Prinzip „WWW": Ich beschreibe zuerst die *Wahrnehmung* – z. B. dass eine andere Person bereits mehrmals zu spät zum Meeting gekommen ist. Dann beschreibe ich die *Wirkung* des Verhaltens – dies könnte z. B. sein, dass ich ärgerlich bin, weil die restlichen Meeting-Teilnehmer warten müssen und mit den Themen in Verzug kommen. Der dritte Punkt ist der *Wunsch*. Das ist das konkrete Anliegen an die andere Person, z. B. spätestens 10 min vor dem Meeting anzurufen, wen man sich verspätet.
>
> Die Teilnehmer des Workshops probierten diesen Dreischritt aus und ein gestandener Vertriebsmann kam nachher zu uns sagte: „Wow, ich hätte nie für möglich gehalten, wie positiv dieser strukturierte Ablauf wirkt – ich habe bisher immer gleich mit dem Wunsch begonnen!"

5.1 Hauptsache Sie tun etwas

Im Prinzip ist es egal, welcher Ihr erster Schritt ist, Hauptsache Sie gehen ihn. Dies war und ist immer einer der wichtigsten Momente, wenn ich Einzelpersonen bei verschiedensten Veränderungen begleite. Während meine Kinder klein waren, arbeitete ich sehr gerne im Einzelsetting mit Coaching und Kunsttherapie, da diese Arbeit mit weniger Reisen und mit flexibleren Arbeitszeiten als internationale Beratungsprojekte verbunden ist. Die Anlässe für die Begleitung waren vielfältig wie Neuorientierung, Entscheidungsfindung, Konfliktsituationen bis hin zu Trennungen und Lebenskrisen. Je schwerwiegender das Thema war, desto länger dauerte es in der Regel, dass die Klienten den ersten Schritt tun konnten.

Beispiel: Eine Coach-Klientin und ihr erster Schritt

Einmal kam eine wunderbare junge Frau zu mir, die regelmäßig zu weinen begann, sobald sie meinen Coaching-Raum betrat. Sie war eine sehr ehrgeizige Führungskraft und wollte sich beruflich neu orientieren, trug aber so viele persönliche Altlasten mit sich herum, dass eine Arbeit an der Zukunft erst dann möglich war, als das „Alte" ein wenig verdaut war. Erst dann konnte sie vage darüber nachdenken, was sie für Optionen im Leben hatte und welche ersten Schritte möglich sind.

Doch wieso ist es eigentlich so schwierig, einen ersten Schritt zu gehen? Der Mensch scheint bei all seinen Entwicklungsmöglichkeiten ein Gewohnheitstier zu sein. Selbst das Hirn findet es offensichtlich fein, die gewohnten Verknüpfungen der Nervenautobahnen zu nutzen, weil es ökonomischer ist, alles beim Alten zu lassen. Wenn ein neuer Gedanke daherkommt oder gar ein neues Verhalten, dann muss erst neu verknüpft werden. Das heißt: Raus aus der Komfortzone, rein ins Ungewisse!

Der einzige Weg, herauszufinden, wie Veränderung geht, ist, sie zu tun. Und zwar fürs Erste gerne auch richtig unperfekt! Als ich den ersten Workshop als Selbstständige vor ca. 20 Jahren leitete, war ich weit weg von meinem heutigen Anspruch an Workshop-Design, Präsenz und Ergebnis. Ich habe mich gefürchtet, aber ich habe es getan und aus meinen Erfahrungen gelernt. Jedes Mal, wenn ich in Workshops etwas nicht wusste oder unsicher wurde, habe ich mich weiterentwickelt, gelernt, Kollegen gefragt und meine Beratungs-Landkarte immer weiter vergrößert. Und auch, wenn man sich nicht auf seinem Wissen und seinen Erfahrungen ausruhen darf, ist es mir heute manchmal ein reines Vergnügen, durch meine Erfahrungslandschaft zu gehen und daraus für verschiedenste Anlässe die passenden Übungen, Abläufe, Modelle und Experimente auszuwählen.

Der erste Schritt ist deshalb eine Überwindung, weil man nicht weiß, welche Konsequenzen er hat. Wenn jemand noch nie vor einem Publikum gestanden oder eine Gruppe moderiert hat, kann er sich beim besten Willen nicht vollständig vorstellen, wie sein Verhalten sich bei der Gruppe und bei ihm selbst auswirkt. Er muss es probieren!

» Der erste Schritt muss nahe genug an den aktuellen Gewohnheiten sein, aber auch deutlich genug in die gewünschte Richtung der Veränderung gehen.

Ich beobachte bei Menschen in Organisationen, dass sie die Tendenz haben, sich sehr große erste Schritte vorzunehmen und dann sehr lange warten, bis sie sie tun. Die Angst vor dem Scheitern ist zu groß! Zu viel steht auf dem Spiel! Wenn ich z. B. eine bisher klassisch geführte Abteilung agiler – d. h. mit flexibleren und rascheren Reaktionsmöglichkeiten – aufstellen möchte, wäre die Einführung von einer neuen, agilen Struktur von einem Tag auf den anderen vermutlich eine große Herausforderung. Die Menschen wären überfordert, weil sie die neue Art zu Arbeiten – mit häufigen Lernschleifen, laufender Anpassung der Ziele und mehr Selbstverantwortung als in hierarchischen Strukturen – noch nicht kennen oder können.

Beispiel: Einführung agiler Arbeitsweise

In einem Projekt in einem deutschen Automobilkonzern war genau das das Anliegen. Wir wollen uns agiler aufstellen! Nach vielen Interviews erfuhren wir, dass die meisten schlicht und einfach nicht einschätzen konnten, was die Umsetzung dieses Zieles für ihre Arbeit bedeutet. Schon allein die begriffliche Definition von „agil" führte zu hitzigen Diskussionen und Stirnrunzeln bei einigen Interviewten. Erst nach und nach wurde von allen Beteiligten verstanden, dass es nicht um agil als Selbstzweck gehen durfte, sondern agile Arbeitsweisen dort zum Einsatz kommen sollten, wo sie nützlich sind.

Der erste Schritt war also, die Mitarbeiter entsprechend zu schulen sowie in bereits bestehenden interdisziplinär arbeitenden Teams agile Arbeitsmethoden auszuprobieren und laufend mit einem Coach zu reflektieren. Nach einigen (zugegeben harten) Monaten mit Konflikten und vielen Lernschleifen ist dieses Team nun stolz, als Pioniere in der Abteilung ein erstklassiges Ergebnis für den Kunden erreicht zu haben und ihr Wissen nun an andere Teams weiterzugeben. Die große Herausforderung in diesem Fall war, dass das zu bearbeitende Thema des Pionier-Teams ein relativ komplexes und unternehmenskritisches war. Das heißt, dem Management war es quasi unmöglich, dem Team völlig freie Hand zu geben und man diskutierte häufig über Rollen und Kompetenzen. Eine Zwischenlösung war, dass ein Mitglied des Leitungsteams eine Mentoren-Funktion für das größtenteils selbstorganisiert arbeitende Team übernahm und so kurzfristig notwendige strategische Entscheidungen getroffen werden konnten.

Praxis-Tipp Seien Sie sich bewusst, dass die Initiatoren eines Veränderungsprojektes immer einen Vorsprung an Wissen und Engagement für das Ziel des Projekts haben. Den passenden ersten Schritt zu finden, ist daher in vielen Fällen eine Gratwanderung zwischen Überforderung und Unterforderung der Mitarbeiter.

Wenn Sie die Menschen einladen, einen Mäuseschritt zu gehen, bemerken diese vielleicht gar nicht, dass eine Veränderung stattfinden soll. Wenn Sie aber von ihren Mitarbeitern erwarten, dass sie von heute auf morgen auf den Mond fliegen, werden diese mit großen Augen schauen und denken: Der Chef hat eine Meise! Auch wenn ein kleiner Vogel im Oberstübchen nicht immer das Schlechteste ist – der regt nämlich zum Querdenken an – werden Ihre Mitarbeiter schlicht und einfach nicht mitziehen, wenn Ihre Veränderungsziele zu abgehoben sind.

Ein hilfreiches Modell dazu ist die Unterscheidung zwischen Wandel 1. Ordnung und Wandel 2. Ordnung (Staehle 1999). Der Wandel erster Ordnung findet im bestehenden System statt – z. B. wenn eine Spedition ihre vorhandenen Abläufe effizienter gestalten möchte. Wenn die gleiche Spedition jedoch eine internationale IT-Plattform etabliert, über die komplett neue Geschäftsmodelle und damit auch Abläufe entstehen, ist dies ein Wandel 2. Ordnung – d. h. das System wird „irritiert", es ergeben sich neue Schnittstellen, neue Formen der Zusammenarbeit und damit sehr wahrscheinlich auch Konflikte. Wenn Sie also eine Veränderung 2.

Ordnung anstreben, brauchen Sie besonderes Fingerspitzengefühl für den ersten Schritt und ein paar gute Gründe, warum die Mitarbeiter ihn gehen sollen. Am besten beziehen Sie die Mitarbeiter ein und befragen auch sie, welche Ideen sie haben, um die Veränderung einzuleiten! Und dann ist oft noch die Frage, welche Motivation man hat, um sich diesen Wandel „anzutun".

5.2   Lustangst – die Motivation

In meinen Zwanzigern hatte ich nicht immer einen gesunden Lebenswandel – ich arbeitete viel, genoss Essen und Trinken und die einzige Bewegung, die ich machte, war Spazierengehen am Wochenende. Irgendwann hatte ich die Idee, dass Laufen vielleicht gut für mich sein könnte und ehrgeizig, wie ich damals war, war der nächste Gedanke, dass ich später dann auch an Wettbewerben teilnehmen könnte und dann ein Marathon …. Doch zurück zum Start! Zuerst war es einfach der wiederkehrende Gedanke an Laufen. Dann sah ich nach, ob ich überhaupt passende Laufschuhe hatte und nachdem das nicht so war, kaufte ich welche. Als nächstes sprach ich mit Menschen darüber und erfuhr, dass ziemlich viele Menschen bereits regelmäßig laufen. Konnte also nicht so schwer sein, oder? Schließlich war er da – der erste gelaufene Schritt! Nach zehn Minuten war ich müde, nach fünfzehn so erschöpft, dass ich nach Hause ging und mich den Rest des Tages erholen musste.

Oh Gott, niemand hatte mir gesagt, dass es so anstrengend sein würde! Es war kein schönes Erlebnis und daher gab es eigentlich keinen Grund, es zu wiederholen! Wozu etwas tun, was weh tut, mir den Atem nimmt und mich deprimiert? Wegen der Lustangst!

> **»Die Lustangst ist der Kompass in Ihrem Leben. Wann immer Sie auf etwas Lust haben, das Ihnen gleichzeitig Angst macht, wissen Sie, dass Sie auf dem richtigen Weg sind.**

Ich bin überzeugt, dass jeder Mensch diesen Kompass eingebaut hat. Es ist dieses fast unerklärliche Gefühl, wo man etwas machen möchte, was sehr schwierig, sehr aufregend und eigentlich unmöglich ist – definitiv etwas, das außerhalb der eigenen Komfortzone liegt und man vor ein paar Monaten noch nicht auf dem Radar hatte. Doch man will es und zwar zumindest so dringend, dass ein erster Schritt möglich ist.

Nun – denken Sie bereits an etwas? Welche Lustangst haben Sie? Einen neuen Job suchen? Einer Kollegin Grenzen setzen? Malen lernen? Ein Gespräch mit einem Freund suchen, den Sie jahrelang nicht gesehen haben? Für jedes Thema, das mit Lustangst verbunden ist, gibt es 1000 Gründe dagegen. Und mindestens einen dafür: Ich hab's probiert. Im Laufe der Zeit habe ich herausgefunden, dass mit jeder Lustangst ein Potenzial in einem schreit, das genutzt werden möchte.

Manche mögen vielleicht jetzt einwenden, dass nicht jeder einfach seiner Lust nachgehen kann, wo bleibt da der Ernst des Lebens? Doch in diesem Buch geht es um Veränderung und darum, wie man Veränderung besser bewältigen lernt. Es hat mich damals zum Laufen hingezogen, obwohl ich nicht genau wusste, warum. Vordergründig aus gesundheitlichen Gründen, doch da war mehr – sonst wäre ich nach dem ersten Mal nicht ein zweites Mal Laufen gegangen (wo es doch so anstrengend und demütigend war). Doch was das „mehr" war, musste ich erst herausfinden und so zog ich mir damals zweimal die Woche tapfer meine Laufschuhe an, verlängerte langsam meine Laufstrecken, achtete auf regelmäßige Atmung (damit ich nicht Seitenstechen bekam) und traute mir mehr und mehr zu.

Ein Jahr später begann ich mit einem Trainingsplan für einen Halbmarathon und schließlich spornte mich ein Freund sogar an, mit ihm den Wien-Marathon zu laufen. Ich habe es tatsächlich geschafft, ihn durchzulaufen! Auch wenn mir Bewerbe jetzt nicht mehr wichtig sind, ist das Laufen zu so etwas wie meiner Lebensader geworden – meist, wenn ich ausgelaugt oder sehr gestresst bin, habe ich eine Zeit lang aufs Laufen vergessen. Wenn ich regelmäßig laufe, „läuft" mein Leben rund und ergänzt durch Yoga und Meditation in der Natur kann mich so leicht nichts aus der Ruhe bringen! Vielleicht hat mein Körper das damals schon geahnt und mir den sogenannten Floh „Laufen" einfach mal ins Ohr gesetzt. Danke, Körper, diesen Floh möchte ich nicht mehr los werden …

Was bedeutet nun die Lustangst für Veränderungsprojekte in Organisationen? Aus meiner Erfahrung ist sie auch hier ein guter Kompass, wie größere Veränderungen gut „auf die Straße" gebracht werden können. Zu Beginn klingen Veränderungsziele wie „bessere Qualitätskultur", „effizientere Abläufe" oder „Zukunftsfähigkeit" oft recht abstrakt. Nach der sorgfältigen Analyse (siehe vorherige Kapitel) ist die große Herausforderung, wirksame erste Schritte in eine neue Richtung zu finden. Dafür ist es sehr günstig, ein bunt aus verschiedenen Bereichen zusammengestelltes „Kernteam" zu etablieren, das von Anfang an den Veränderungsprozess treibt, Empfehlungen für geeignete Maßnahmen gibt sowie als Feedback-Geber für erste geplante Maßnahmen dient.

Praxis-Tipp Bei der Wahl der ersten Schritte beachten wir in Projekten folgende Kriterien: Einerseits sollen Maßnahmen gesetzt werden, die rasch kleine Erfolge bringen wie z. B. regelmäßige Informations-Meetings für die nächste Führungs-Ebene einzuführen. Andererseits sollten auch Maßnahmen starten, die langfristig große Hebel haben wie z. B. die Führungskultur in der Organisation weg von autoritärem Stil hin zu einem fördernden, coachenden Stil zu entwickeln. Die Quick-Wins dienen der Motivation für die Veränderung, die großen Hebel für nachhaltige Ergebnisse.

Neben diesen beiden Kriterien gibt es aber noch etwas ganz Wesentliches für die Wahl der Themen und Methoden in den ersten Stunden der Veränderung: Das Leuchten in den Augen der Mitarbeiter! Das ist nämlich der sicherste Hinweis darauf, dass Sie sich auf dem Weg der Lustangst befinden.

Beispiel: Mit Sketches und Videos zur nachhaltigen Veränderung

Ich werden nie die Stimmungsschwankungen in einem Kernteam-Workshop vergessen, als die Teilnehmer im Brainstorming für die Gestaltung einer Großgruppenveranstaltung auf die Idee kamen, Sketches auf der Bühne vor mehreren hundert Personen vorzuspielen. Zunächst als Scherz in die Runde geworfen, verselbstständigte sich die Idee und bald wurden im Seminarraum erste Schauspielproben zu den relevanten Themen durchgeführt. Die Stimmung war ausgelassen und die Lust auf Kreativität war greifbar. Kurz danach saßen die Team-Mitglieder allerdings wieder eher stumm im Kreis und erste Bedenken wurden geäußert: Wir machen uns lächerlich! Dazu gibt der Chef nie sein Einverständnis, das sind doch ernste Themen! Wir können das eigentlich gar nicht! Ich bin doch nur ein einfacher Mitarbeiter, was soll ich auf der Bühne! usw. Nun wurde auch die Angst hinter der Lust spürbar!

Mein Kollege und ich wussten, es kann funktionieren und bestärkten das Team in ihren Ideen. So entstanden zu drei wichtigen Veränderungsthemen ein Live-Sketch, ein Slapstick-Video und eine Live-Talkshow mit mir als Moderatorin. Durch diese emotionale und teilweise auch humorvolle Aufbereitung der Themen verstand die Belegschaft bei der Großgruppenveranstaltung endlich, worum es in dem Veränderungsprojekt geht und sowohl Inhalte als auch Event blieben in guter Erinnerung.

5.3   Experimentieren und scheitern

Der erste Schritt muss allerdings nicht immer der „richtige" sein. Um zu echter Veränderung zu gelangen, braucht es auch Experimentierfreude und die Bereitschaft, zu scheitern. Sie erinnern sich an meine Schnupperstunde in Tai-Chi? Das kann man nur als gründlich misslungenes Experiment bezeichnen, mehr Ruhe in mein durchgetaktetes Leben zu bringen. Es war damals einfach nicht das Richtige für mich, mich so langsam und achtsam zu bewegen, auch wenn Millionen von Chinesen darauf schwören. Dieser erste Schritt ins Neue war zu herausfordernd für mich! Doch ich gab nicht auf, versuchte es mit Autogenem Training, Muskelentspannung nach Jacobsen, den „Fünf Tibetern" und – endlich – auch mit Yogaübungen. Ich machte zahlreiche Kurse bei verschiedenen Lehrern, fand *meine* Yogaform (ganz klassisches Hatha-Yoga) und eine alltagstaugliche Variante der Übungen, die ich immer und überall in meinen Tag einbauen kann. Diese Methode entsprach mir zu diesem Zeitpunkt am meisten und begleitet mich nun schon zwei Jahrzehnte durch die Hochs und Tiefs meines Lebens.

Veränderungen in Organisationen gelingen ebenfalls nicht ohne Versuch und Irrtum. Denn ebenso wenig, wie es den perfekten ersten Schritt gibt, gibt es auch das perfekte Ergebnis von einer erstmals probierten neuen Arbeitsweise. Dem entgegen steht allerdings die Gewohnheit in vielen Organisationen, dass Fehler etwas sind, das man „ausmerzen" und wofür man möglichst schnell einen Schuldigen finden muss. Das ist sehr schade – Experimente und Irrtümer dienen nämlich auch dazu, herauszufinden, welche Möglichkeiten es gibt jenseits der bisher bekannten. Das erfordert Mut und auch ein wenig Durchhaltevermögen, doch es zahlt sich immer aus. Selbst wenn man nur erfährt, wie es *nicht* geht und was man *nicht* möchte, bekommt man ein Stück weit Orientierung, in welche Richtung man sein Wirken in Zukunft lenken sollte.

» Eine der zentralen Rollen von Change-Beratern ist es, die Betroffenen zu ermuntern, etwas Neues auszuprobieren und Fehlermachen als wichtige Quelle für Weiterentwicklung zu sehen.

Bei Fehlern kommt es auch immer auf den Blickwinkel an. Was für den einen die pure Katastrophe ist, ist für den anderen die zündende Idee für eine Innovation. Derzeit moderne Methoden wie Design Thinking oder Fuck-up-Nights leben vom wilden Experimentieren und Schwelgen in Fehlern. Beim Design Thinking werden in einem vierstufigen Ablauf vogelwilde Produktideen für einen typischen Kunden gestaltet. Das Ziel ist keinesfalls ein fertiges Produkt, sondern ein erster Prototyp, der „quick and dirty" bei möglichen Kunden getestet werden kann. Dabei werden manchmal auch Aufgaben gestellt wie: „Überlegen Sie, was die geplante Markeinführung ganz sicher zum Scheitern bringen würde!" Im Zuge der Fuck-up-Nights erzählen Unternehmer oder Führungskräfte von einem großen persönlichen Scheitern und die Teilnehmer haben die Möglichkeit, Fragen dazu zu stellen. Das Ziel ist bei beiden Methoden, zu einer neuen Kultur zu gelangen, die Fehler nicht verurteilt und das Scheitern nicht dämonisiert. Es geht vielmehr darum, sich auf die Suche nach Ursachen zu machen und gemeinsam aus den Fehlern anderer zu lernen. Diese Haltung scheint gerade für Deutsche eine große Herausforderung zu sein und Österreicher stehen ihnen nicht viel nach, obwohl diese eine etwas „gemütlichere" Einstellung zu Perfektion haben.

Und schließlich reagieren auch innerhalb einer Unternehmenskultur Menschen unterschiedlich auf Fehler und damit einhergehende Erfahrungen. Während die einen sich wegen einem vergessenen Termin zerfleischen, rappeln sich andere, die mit einem ganzen Projekt gescheitert sind, bald wieder auf, um auf den Scherben ihrer Erfahrung etwas Neues aufzubauen. Diese Stehaufmännchen können anscheinend negative Gedanken schneller verarbeiten oder sogar abstellen und suchen auch nach Misserfolgen sehr rasch nach neuen Lösungsmöglichkeiten. Da kann ich nur sagen: Ja! Diese Leute brauchen wir in Veränderungsprojekten!

Beispiel: Ein kreativer Think-Tank als Motor der Veränderung

In einem Veränderungsprojekt kamen in dem neu gebildeten Kernteam der CEO, diverse Produktions-Mitarbeiter, Meister und Führungskräfte aus verschiedenen Produktionsbereichen (die bisher sehr in ihrem Silo arbeiteten), Leute aus der Qualitätsabteilung, aus dem Operational Excellence, dem Betriebsrat und der Technik zusammen. Was für ein ungewöhnlicher Haufen!

Die erste Zusammenkunft war entsprechend ungewohnt, zögerlich und emotional. Diese Art von Kontakt zwischen den verschiedensten Bereichen und Hierarchien war neu und ein Experiment für sich. Die Mitarbeiter der unteren Hierarchien mussten laufend ermuntert werden, ihre Meinung zu sagen und die Vorstands-Mitglieder neigten zu Monologen und emotionalen Ausbrüchen, die den Workshop fast zum Kippen brachten. Die Moderation war eine Herausforderung! Doch nach zweitägigem Ringen hatte man sich auf erste Hebelprojekte geeinigt, die langfristig am besten auf das Projektziel einzahlen sollten. Eines davon war „Kommunikation" und ein weiteres „Lernende Organisation".

Für das Thema Kommunikation wurde schnell ein erster Schritt gefunden, der passend war: Nachdem die unternehmensweiten Interviews ergaben, dass so gut wie niemand die neue Strategie für den Standort verstanden hatte und eine riesige Kluft zwischen Management, Führungskräften und operativer Ebene klaffte, wurden sehr hemdsärmelig und spontan „Info-Cafés" einberufen, die den Dialog zwischen „oben und unten" einläuten sollten. Dies kam extrem gut an und wurde in vielen Bereichen zu einer wichtigen Informationsdrehscheibe im Unternehmen. Der erste Schritt war in diesem Fall ein Quick-Win und sehr passend für die Organisation und die Menschen darin.

Beim Hebelprojekt „Lernende Organisation" war es im Gegensatz dazu ein chronisches Neustarten. Die ersten Aktivitäten kamen sehr schleppend zustande, vermutlich deswegen, weil hier eine der Ursachen für die Schwierigkeiten zu orten war. Fehler machen war in der Produktion tabu – alles war streng reglementiert und mit Vorschriften behaftet. Dennoch war die Fehlerhäufigkeit enorm hoch, was aber gut verschleiert wurde. Wie sollte man unter diesen Rahmenbedingungen eine Lernende Organisation schaffen, die davon lebt, Irrtümer und Fehler zu reflektieren, die Ursachen herauszufinden und etwas Neues zu probieren um wieder neue Fehler zu machen, zu reflektieren … und so fort. Das war Kulturveränderung zu 100 %!

Erst sehr langsam konnte in einem der Betriebe die Bereitschaft für einen ersten Workshop geweckt werden, in dem auf die Ursachen von den vielen Abweichungen geblickt und mögliche Lernfelder daraus abgeleitet wurden. Durch die Erkenntnisse aus diesem Workshop wurden auch andere Bereiche des Standorts mutiger und starteten ähnliche Initiativen. Dass wir Berater in den ersten Monaten von diesem Hebelprojekt ferngehalten wurden, verlangsamte den Prozess noch zusätzlich.

Veränderungsenergie aus der Organisation selbst ist übrigens viel aufwändiger und anstrengender herzustellen, als wenn ein Berater die neutrale und stabile Rolle des Veränderungsmanagers übernimmt und die Betroffenen regelmäßig zum Reflektieren „zwingt". Wir wissen, dass es sich auszahlt, aus einem Zug auszusteigen, in dem man seit Jahren hin und her fährt und zu sehen, ob es einen Zug gibt, der entweder woanders hinfährt oder zumindest durch eine schönere Landschaft führt. Doch über die Unterstützer in Veränderungsprozessen lesen Sie im nächsten Kapitel gleich mehr …

Fazit: Der erste Schritt
Nach der Erkenntnis ist es oft nicht einfach, den passenden ersten Schritt in eine neue Richtung zu gehen. Folgende Empfehlungen dazu:

- Gehen Sie einfach los, sonst werden Sie nie wissen, was hinter der ersten Kurve liegt.
- Der beste Kompass ist die Lustangst – Aktivitäten, wo es Sie stark hinzieht und vor denen Sie gleichzeitig gehörigen Respekt haben.
- Machen Sie bitte Fehler! Dann lernen Sie ganz schnell, wie Sie *nicht* weiterkommen und können zeitgerecht Kurskorrekturen machen.

6

Sie müssen nicht alles allein schaffen!

Zusammenfassung In den meisten Organisationen kommt es immer noch gut an, dass Führungskräfte die Dinge allein auf die Straße bringen. Dabei gibt es mittlerweile viele Erfahrungen, die zeigen, dass eine Gruppe von Menschen, die ähnliche Werte und sehr unterschiedliche Kompetenzen hat, oft viel bessere Lösungen kreiert als eine Einzelperson. Ein weiterer Grund, sich Unterstützer und Helfer in Form von Coaches, Kollegen oder Freunden zu suchen, ist, dass man am DU wächst. Feedback und gemeinsames Lernen ermöglichen eine Entwicklung, die ungeahnte Potenziale in Ihnen freilegen kann. Zusätzlich kann auch Ihre innere Stärke ein „Helfer" in schwierigen Zeiten sein. Wenn Sie wissen, was Sie innerlich trägt, werden Sie einerseits stabiler und andererseits flexibler im Umgang mit Veränderungen.

2003

Drei Jahre später war ich aus meiner Firma ausgestiegen und hatte mich als Trainerin und Beraterin selbstständig gemacht. Das Geschäft lief gut an und es machte mir von Anfang an eine Riesenfreude, Menschen bei Veränderungen zu begleiten. In den Seminaren und Workshops kam ich allerdings immer wieder an Punkte, wo meine Emotionen mich überwältigten und Ängste und Unsicherheiten hochkamen. Zu dieser Zeit lernte ich meinen ersten Mann kennen – ich erzählte ihm meine Erlebnisse und er lud mich zu einem Seminar mit Aufstellungsarbeit ein. Das war mir zunächst peinlich und suspekt, denn ich wollte keine Unterstützung für meine Themen annehmen. Doch schließlich kam ich mit: Jeder Teilnehmer und jede Teilnehmerin kam dran, brachte sein oder ihr Anliegen vor und wurde vom Leiter des Seminars behutsam begleitet. Und was soll ich sagen: Ich heulte nicht nur bei meinem eigenen Anliegen, sondern auch bei fast allen anderen Themen mit! Ich verstand die Welt nicht mehr, denn „eigentlich" hatte ich doch eine ganz gute Kindheit und soweit alles im Griff … oder?

Ich war neugierig geworden und wollte meine Tränen verstehen. Zum ersten Mal in meinem Leben suchte ich mir Unterstützung bei einer Therapeutin – das war eine Überwindung, doch der Wunsch danach, mit den geweckten Emotionen besser zurecht zu kommen, war größer als die Scham, Hilfe zu benötigen. Etwas später erfuhr ich in einer Familienaufstellung, dass mein Familiensystem einige schädliche Tendenzen aufweist. Ich stand in der Aufstellung, sah auf der väterlichen Seite eine Generationenreihe von Alkoholikern und auf der mütterlichen Seite einige Tragödien, die insgesamt wenig Aufmerksamkeit von meinen Eltern für meine Generation übrig ließen. Der Therapeut sagte zu mir: Manche bekommen nur das nackte Leben mit. Du hast jetzt die Wahl, dich in einer dieser Qualitäten anzustellen oder dich abzugrenzen und deinen Weg zu gehen.

Ich war erschüttert und doch wusste ich, dass diese Erkenntnis mein Leben in eine bessere Richtung lenken konnte. Nur wie um alles in der Welt konnte ich mich von den schädlichen Tendenzen in der Familie abgrenzen und trotzdem in Liebe mit ihr verbunden bleiben? Wie konnte ich mit dieser Familiengeschichte später meinen Kindern eine aufmerksame Mutter und meinen Kunden eine achtsame und professionelle Begleiterin sein? Ich brauchte Hilfe und nun war es mir nicht mehr peinlich!

Immer wieder ertappe ich mich dabei, Situationen ad hoc schnell und allein lösen zu wollen, obwohl ich mittlerweile die geballte Ladung an Vorzügen kennengelernt habe, die alle Arten von Helfer zu bieten haben. Ich fasse den Begriff Helfer hier bewusst weit und meine damit alle Menschen, die mich in einer beliebigen Situation unterstützen, vorwärts zu kommen. Das kann der neutrale Blick von Beratern oder Coaches sein, der hilft, die ganze Tragweite einer Situation zu verstehen. Es kann eine Therapeutin sein, die bei der Verarbeitung von schwierigen Erlebnissen hilft. Es kann aber auch ein offenes Wort von einer Freundin sein, die sagt: Sag mal, spinnst du? Dieser neue Job passt überhaupt nicht zu dir! Wieder andere Helfer sind einfach da, egal was du tust und glauben an dich. Und last but not least gibt es jene, die tatkräftig zupacken, um bei der Umsetzung von Veränderungen zu helfen.

In allen Fällen gilt: Helfer können nur helfen, wenn *Sie* sich helfen lassen! Natürlich ist es möglich, allein aufzubrechen und in harter Arbeit einen Weg zu finden. Doch die Kehrseite der Medaille ist auch klar: Man überfordert sich nicht selten mit dem Anspruch, etwas allein zu schaffen und darüber hinaus erzielt man im Kollektiv oft bessere Ergebnisse als im Alleingang.

Praxis-Tipp Es ist salonfähig in den Chefetagen von Organisationen, etwas allein durchzuziehen. Schließlich bedeutet das Macht und am Ende gehört einem der gesamte Ruhm für ein Projekt und man muss den Dank nicht teilen. In der komplexen Wirtschaftswelt mehren sich allerdings Situationen, wo ein Hirn allein nicht mehr ausreicht, um adäquate Lösungen zu finden und die kollektive Intelligenz gefragt ist!

Wen ich *nicht* meine mit Helfer sind die selbst ernannten Retter, die sich immer wieder ein Opfer in ihrer Umgebung suchen, um gut damit dazustehen, wenn sie anderen unter die Arme greifen – auch wenn diese es gar nicht brauchen. Dazu ein kurzer Exkurs zum „Drama-Dreieck", das eine der Dynamiken darstellt, die in der sogenannten Transaktionsanalyse erklärt werden. Die Transaktionsanalyse wurde von Thomas A. Harris und Eric Berne entwickelt und bietet einen tollen Einblick in das oft verwirrende Beziehungsgeflecht zwischen Menschen (Harris 1976).

Das Drama-Dreieck besteht aus Täter, Opfer und Retter, die ohne einander nicht existieren können. Die Hauptaussage hinter dem Dramadreieck ist, dass eine unangenehme Situation wie z. B. Mobbing nur dann beendet werden kann, wenn eine der drei Personen aus seiner Position aussteigt. Der Täter hat meist am wenigsten Grund, auszusteigen, denn ihm macht es Spaß, andere anzugreifen. Der Retter könnte aufhören, das Opfer als Opfer zu behandeln und sich dadurch zu überhöhen. Und schließlich kann auch das Opfer das Teufelsdreieck unterbrechen, indem es nicht mehr auf die schlechte Nachrede reagiert, Grenzen zieht oder selbstständig Unterstützung anfordert. Ein echter Helfer würde das Opfer unterstützen, neue Reaktionsmöglichkeiten zu entdecken, einen guten Umgang mit Täter und Retter zu finden und aus dem gewohnten Muster des Leids auszusteigen. Um nicht falsch verstanden zu werden: Ich meine in diesem Fall Situationen, wo das Opfer immer noch selbst Handlungsspielraum hat. Natürlich gibt es auch in Organisationen ernsthafte Fälle, wo es wichtig ist, dass eine neutrale Partei eingreift und hilft, Schutzmaßnahmen zu ergreifen!

6.1   Hallo, blinder Fleck

Wenn ich versuche, zusammenzufassen, welchen Nutzen mir verschiedene Coaches, Lehrer und Therapeuten in meinem Leben gestiftet haben, dann möchte ich mir die Worte des Philosophen Martin Buber ausleihen:

Der Mensch wird erst am Du zum Ich.

Das bedeutet, dass jeder Mensch in seiner Wahrnehmung blinde Flecken zu seiner eigenen Wirkung und Verhaltensweise hat, die er nur mit einer zweiten Person erkennen und bearbeiten kann. Wozu ist das wichtig? Ich denke, dass eine der wichtigsten Fähigkeiten von Führungskräften in der heutigen Zeit jene ist, Sicherheit zu verströmen. Zu viele Situationen, Informationen und Anforderungen prasseln täglich auf die Menschen in Organisationen ein und viele von ihnen suchen nach Halt und Orientierung. Eine Führungskraft kann umso besser Sicherheit verströmen, je sicherer sie in sich selbst verankert ist und weiß, was sie ausmacht – welche Stärken und Schwächen sie hat, welche Themen, Meinungen und Ziele ihr wichtig sind und letztendlich auch, warum sie den Job macht, den sie macht.

Zwar gibt es auch Menschen, die all dies ganz natürlich über sich wissen, eine sichere und entspannte Ausstrahlung verbreiten und daher auch ganz natürlich zu Führungskräften werden, auch wenn sie es auf dem Organigramm gar nicht sind. Doch dann gibt es andere, die keine Ahnung haben. So wie ich vor vielen Jahren. Coaches, Therapeuten, Kollegen und Partner haben mir in den letzten 20 Jahren immer wieder geholfen, mich selbst besser kennenzulernen durch Reflexion meiner Erlebnisse und Feedback zu meiner Person. Selbstreflexion ist eine wichtige Fähigkeit, um immer wieder dazuzulernen und manche Dinge kann man eben nur mit einem *Du* erfahren.

In meiner Coaching-Ausbildung damals vor 20 Jahren wurden die Teilnehmer in einem der ersten Workshops eingeladen, einander Feedback zu geben und bei dieser Gelegenheit erfuhr ich von drei Personen hintereinander, dass ich unnahbar, arrogant und abweisend wirkte. Ich war sehr betroffen, denn aus meiner Sicht hatte ich mich der Gruppe bereits sehr geöffnet und fand, dass ich mich freundlich und interessiert verhielt. Das war ein deutlicher Unterschied in der Eigen- und Fremdwahrnehmung, der mir zu denken gab. Und auch wenn ich nicht sofort wusste, wie ich mein Verhalten verändern sollte, begann ich zumindest, meine Umwelt und mich selbst bewusster wahrzunehmen.

» Jeder Mensch hat Verhaltensweisen und Eigenschaften, die ihm nicht bewusst sind und dennoch große Auswirkungen auf die Geschehnisse rund um ihn haben. Diese „blinden Flecken" zu beleuchten, dazu sind Helfer da.

Das „Johari-Fenster" (Luft und Ingham 1955) ist eine gute und einfache Darstellung, was bei Feedback passiert, auch wenn einige von Ihnen es vielleicht schon kennen. Ich mag einfache Modelle und daher sei hier noch einmal erklärt: Der Bereich, der in Abb. 6.1 mit „Blinder Fleck" beschrieben ist, ist Ihr Lernpotenzial! Jeder auch noch so reflektierte Mensch hat Verhaltensweisen, die bei anderen Menschen in einer Art ankommen, die im selbst nicht bewusst sind. Je mehr Sie davon in den „öffentlichen" Bereich bringen können, desto mehr erfahren Sie über sich selbst und Ihre Wirkung. Wie wunderbar! Und wie schrecklich! Vielleicht wollen Sie es ja gar nicht so genau wissen. Auch gut. Nur werden Sie sich als Führungskraft dann kaum weiterentwickeln und Ihre Mitar-

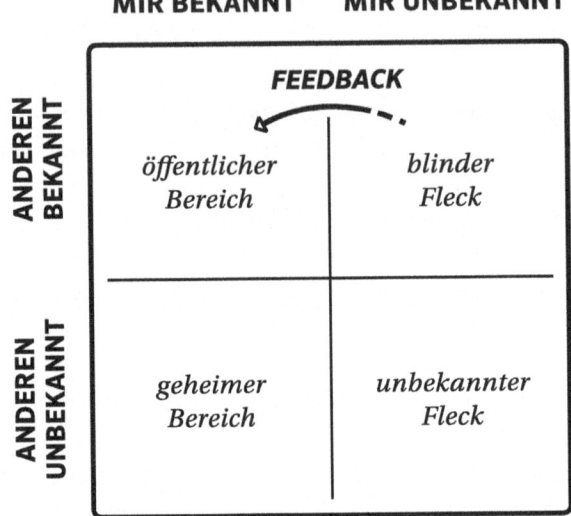

MIR BEKANNT   MIR UNBEKANNT

FEEDBACK

ANDEREN BEKANNT

öffentlicher Bereich

blinder Fleck

ANDEREN UNBEKANNT

geheimer Bereich

unbekannter Fleck

Abb. 6.1 Johari-Fenster von Joseph Luft und Harry Ingham (Luft und Ingham 1955)

beiter werden mit Ihren blinden Flecken spielen, d. h. sie ausnutzen für ihre Vorteile.

Zu den Menschen, die Ihre blinden Flecken „ausleuchten" können, gehören natürlich auch Ihre lieben Kollegen, die Ihnen Feedback geben! Feedback – wie gefällt Ihnen dieses Wort? Viele meiner Kunden reagieren allergisch auf dieses Wort und stöhnen, wenn wir in Workshops dazu einladen, einander Rückmeldung zu geben. Ich vermute, das kommt daher, dass es mit „Strafe" assoziiert wird – „Ich bemühe mich bereits so sehr und jetzt bekomme ich auch noch eine am Deckel!" Wenn es so erlebt wurde, könnte es allerdings sein, dass das Feedback nicht achtsam gegeben wurde oder zum falschen Zeitpunkt. Einmal wollte ich einem Kollegen etwas rückmelden, was mich in der Zusammenarbeit gestört hatte, doch er sagte: „Nicht jetzt bitte, ich bin grad grantig!" Alles klar, anscheinend war auch er sauer auf mich und wir hatten uns später – in einer ruhigen Minute – einiges zu berichten und lernten dazu …

In der deutschen Sprache bedeutet das Wort *Feedback* rückmelden. So weit, so gut, doch in dem Wort kommt auch feed vor und das hat etwas mit nähren zu tun. Das Nährende kommt mit der Haltung, in der ich das Feedback gebe – ich beschreibe zunächst, was ich wahrnehme, dann erzähle ich, was dies in mir auslöst und dann sage ich, was ich mir stattdessen wünsche (siehe dazu auch die drei „W" in Kap. 5). Wenn wir Feedback geben, „füttern" wir unser Gegenüber mit Informationen über ihn und auch über uns selbst. Denn wir können nur zu etwas Feedback geben, das uns wichtig ist (sonst würde es uns gar nicht auffallen).

Beispiel: Lernerlebnis eines Leitungsteams durch externes Feedback

Vor vielen Jahren begleitete ich ein Leitungsteam einer kleinen österreichischen Firma in einem Teamentwicklungs-Workshop. Nachdem einige Themen bearbeitet wurden, schlug ich eine Outdoor-Übung vor, um an einem konkreten gemeinsamen Erlebnis die Zusammenarbeit reflektieren zu können. Vorher holte ich noch das Einverständnis ein, dass die Durchführung der Übung gefilmt werden darf, um dadurch zusätzliches Material für die Reflexion zu haben. Dies war umso wichtiger, da die Übung blind durchgeführt wurde. Es war die Übung „Doppeltes Seile-Quadrat", wo das Team von acht Personen mit verbundenen Augen aus zwei Seilen zwei Quadrate auf den Boden legen sollten, die sich an einer Spitze berühren.

Kaum waren die Augen verbunden, teilte sich das Team sofort in zwei Teile: Der Geschäftsführer ging mit drei weiteren Führungskräften in eine ausführliche Diskussion, um die Aufgabe „richtig" zu lösen und hortete das eine Seil in seinen Händen. Die anderen vier Team-Mitglieder fingen sofort an zu experimentieren, hatten binnen kürzester Zeit ein fast perfektes Quadrat liegen und blieben dann stehen und warteten. Die Gruppe mit dem Geschäftsführer diskutierte weiter und versuchte, die richtige Länge der Quadrat-Seiten auszurechen, um ein perfektes Viereck zu bekommen. Verunsichert durch die lange Wartezeit zerstörte die andere Gruppe ihren Teil wieder und gesellte sich zur Diskussionsrunde. Schließlich war die Zeit fast um und schnell wurde noch ein sehr windschiefes und ungleichmäßiges Etwas als Ergebnis präsentiert.

Etwas später sahen wir uns das Video gemeinsam an und der Geschäftsführer erblasste zunehmend. Noch nie hatte er so unmittelbar Feedback über sein Verhalten bekommen und sah sich selbst diskutieren, während seine Mitarbeiter bereits eine Lösung hatten und sie wieder zerstörten. Er erkannte in diesem Augenblick, dass diese Situation sehr viele Parallelen mit seinem Führungsalltag hatte und war sehr dankbar, dass wir uns anschließend reichlich Zeit nahmen, um dieses Verhalten zu reflektieren und Verbesserungsmöglichkeiten für die Zusammenarbeit im Alltag abzuleiten.

Berater in einem Change-Prozess können also wichtige Quellen über blinde Flecken der Auftraggeber und der gesamten Organisation sein. Dazu ist es wichtig, zu Beginn ein gutes Berater-Klienten-System aufzubauen – so nennt man die Beziehung zwischen den Auftraggebern und den Beratern, die durch den Beratungsvertrag, aber vielmehr noch durch gegenseitiges Vertrauen und Commitment für das Projekt zustande kommt.

Der Berater hat in diesem Berater-Klienten-System mehrere Funktionen: Er hilft dem Kunden von Zeit zu Zeit, sich aus dem System „herauszubeamen" und quasi aus der Vogelperspektive auf die Organisation zu schauen. Dabei können eingefahrene Verhaltensweisen reflektiert und blinde Flecken der Organisation erkannt und besprochen werden. Des Weiteren haben die Berater oft eine stützende Funktion – für sie ist es viel einfacher, einen Change-Prozess konsequent zu verfolgen, weil es ihre *einzige* Aufgabe in der Veränderung ist. Für die Führungskräfte, die intern für den Change-Prozess verantwortlich sind, ist er fast immer eine Zusatzaufgabe und daher sehr fordernd. Change braucht viel Energie und Durchhaltevermögen und da können Berater neben ihrer sogenannten Prozesskompetenz – also dem Wissen, wie man Veränderung in einer Organisation umsetzen kann – viel beitragen. Manchmal fühlt es sich so an, als würden wir mit den Kunden durchs Feuer gehen!

Die dritte wertvolle Komponente eines Berater-Klienten-Systems ist jene, dass sich Kunden und Berater gegenseitig korrigieren können. Die Kunden kennen die Menschen in ihrer Organisation und spüren manchmal besser, welche Interventionen und Maßnahmen am besten passen. Die Berater haben die Außensicht und *müssen* das System ein wenig irritieren, sodass es sich weiterentwickeln kann. Ideal ist es, wenn beide Parteien genug Selbstbewusstsein und Vertrauen haben, um ihre Position zu vertreten und auch einmal „Halt" zu sagen bei einem unpassenden Vorgehen der anderen Partei. Ich darf dann dem Chef in einem Workshop auch einmal den Mund verbieten und er mir dafür sagen: „Frau Meiler, ich glaub wir brauchen ein Timeout, das geht gerade in die falsche Richtung!" In der systemischen Beratung werden Auftraggeber und Mitarbeiter ziemlich gefordert. Wir inspirieren, irritieren, legen uns quer, begeistern und zwingen die Menschen, am Ball zu bleiben. Die inhaltliche Kompetenz liegt dabei weitgehend beim Kundensystem selbst.

6.2   Adler und Pinguine

Wenn Sie Berater, Coaches und Therapeuten nicht mögen, gibt es noch ein anderes Rezept, um Unterstützung für Ihre Veränderung zu finden: Wenn Sie ein Adler sind, suchen Sie nach Adlern, wenn Sie ein Pinguin sind, suchen Sie nach Pinguinen. Wenn Sie nicht wissen, welches Tier Sie sind, dann lesen Sie „Das kleine Ich bin Ich" von Mira Lobe (2016) – eines der besten Kinderbücher, die je geschrieben wurden (meine Kinder mussten sich das sehr oft vorlesen lassen). Doch im Ernst: Wenn Sie kurz nachdenken, wissen Sie vermutlich sofort, wer in der Organisation oder zumindest in Ihrer unmittelbaren Arbeitsumgebung eher Ihre Arbeitseinstellung teilt und wer nicht.

Praxis-Tipp Stellen Sie sich die Fragen: Welche Menschen in der Organisation ticken ähnlich wie Sie? Wer ist bereit, etwas zu riskieren? Wer hat Lust auf Veränderung? Und dann suchen Sie diese Menschen, sprechen Sie mit Ihnen und bilden Sie ein Veränderungsnetzwerk!

Ich bemerke in Organisationen immer wieder Versuche, die größten Widersacher für ein Veränderungsprojekt als erstes ins Boot zu holen. Doch aus einem Pinguin wird auch mit viel gutem Willen und Zuspruch kein Adler! Viel besser ist es, nach anderen Adlern Ausschau zu halten, um langsam eine „Adler"-Stimmung aufzubauen. Wenn man ein wenig genauer hinschaut, bemerkt man in manchen Fällen sogar, dass es bereits ganze Adler-Horste im Unternehmen gibt!

Beispiel: Selbstorganisation in einer Marketing-Abteilung

In der Marketing-Abteilung eines großen Unternehmens begleiteten wir die Neustrukturierung in Richtung mehr Selbstorganisation und agiler Arbeitsweise. In einem ersten Workshop versuchten wir, mit einem Teil der Mitarbeiter quasi die ganze Abteilung neu zu denken und Ideen für eine Neustrukturierung zu bekommen. Das Ergebnis war jedoch große Unsicherheit und Angst davor, was „die anderen" dazu sagen würden. Nach einem Zwischenstopp im Projekt mit dem Leitungsteam erfuhren wir, dass es bereits zwei „Adlerhorste" gab: Seit kurzem gab es zwei bunt zusammengesetzte Teams, die bereits erste Experimente in Richtung Selbstorganisation hinter sich hatten und wo vorwiegend Leute Mitglieder waren, die neuen Arbeitsmethoden gegenüber aufgeschlossen waren. Dann hieß es: Go with the flow! Das waren unsere ersten agilen, selbstorganisierten Teams, wo von nun an mit neuen Methoden experimentiert wurde. Die Erfahrungen aus diesen Teams wurden später mit den restlichen Mitarbeitern geteilt und so entstand langsam eine „Adler-Stimmung" und die Lust, etwas Neues auszuprobieren.

Es geht aber nicht darum, dass alle zu Adlern werden. Es geht darum, dass Sie genau *die* Menschen finden, die bezüglich Ihrer Grundwerte zu Ihnen passen. Das Adler-Dasein bezieht sich also mehr auf die innere Einstellung als auf die tatsächlichen Fähigkeiten und die Sympathie. Ich habe die Erfahrung gemacht, dass ein Team am besten zusammenarbeitet, wenn die Team-Mitglieder zwar ähnliche Werte, aber dennoch sehr unterschiedliche Kompetenzen haben. Wenn etwa ein Teil eines Leitungsteams sehr risikofreudig und strategisch orientiert ist und der andere Teil eher vorsichtig und operativ vorgeht, wird es schwierig sein, eine gemeinsame Vision zu finden. Die risikoaffinen werden die Vision der anderen langweilig finden und umgekehrt denken die vorsichtigen Team-Mitglieder, dass die anderen spinnen. Erst wenn die Werte passen, können unterschiedlichen Stärken wie hohe Kreativität, Weitblick, strukturierte Arbeitsweise, Genauigkeit usw. richtig aufblühen.

Vielleicht eine gewagte Verbindung zu diesem Thema, aber kennen Sie den Film „Wie im Himmel"? In diesem Film geht es um eine wild zusammengewürfelte Gruppe in einer Kleinstadt, die sich unter der Leitung von einem Stardirigenten zu einem erstklassigen Chor entwickelt. Lange suchen die sehr unterschiedlichen Mitglieder dieser Gruppe nach einer gemeinsamen Basis als Menschen und ihr aller Leben wird in diesen Monaten gehörig durcheinander gewirbelt. Unter Ihnen ist auch Gabriella – eine durch die Gewalt Ihres Mannes gebrochene Frau, die nur sehr zaghaft ihre Stimme erhebt. Nach langem Ringen legt die Gruppe eine gemeinsame Basis frei und die Chor-Mitglieder entwickeln alle ihre Stimmen und ihre Einstellung weiter – sie beginnen, einander zu vertrauen und fördern sich gegenseitig. Und letztendlich bilden sie einen Stimmteppich, auf dem Gabriella ihre monumentale Stimme und damit ihre geballte Kraft wirken lassen kann. Das schöne Ergebnis dieser harten

Arbeit können Sie hören und sehen, wenn Sie auf www.youtube.com den Begriff „Gabriellas Song" eingeben. So etwas ist nur möglich, wenn man sein Rudel gefunden hat und die jeweiligen Stärken sich entfalten dürfen!

6.3 Anker im Sturm

Studien haben ergeben, dass Menschen, die den passenden Partner haben, nicht nur glücklicher, sondern auch erfolgreicher sind und im Schnitt um $ 3000,- mehr im Jahr verdienen. Wie kommt das denn? Ich kann nur aus eigener Erfahrung sagen – seit ich einen Partner habe, der gefühlt 100 % hinter mir steht, bin ich durchaus risikofreudiger und gleichzeitig beständiger geworden. Diese Mischung scheint auch bei mir gut aufs Geschäft zu wirken. Doch es muss nicht immer der Partner sein – in anderen Fällen ist es die Familie, die ein fühlbares Auffangnetz bietet oder ein Freundeskreis, wo man auch einmal geknickt auftauchen kann und freundlich und bestimmt wiederaufgebaut wird.

Das Wichtigste dabei ist nicht, dass diese Personen permanent da sind, sondern zu wissen, dass es sie gibt. In Zeiten der Veränderung gibt es auch bei mir Phasen, wo das „Jeanne d'Arc"-Gefühl aufkommt – das Gefühl, allein gegen eine ganze Armee zu kämpfen.

>> In schwierigen Phasen müssen Sie wissen, wer oder was im Leben Ihnen Stabilität gibt, um über den kritischen Punkt der Frustration in eine neue Richtung gehen zu können.

Einige meiner Anker kennen Sie bereits – meine Yoga-Routine und das regelmäßige Laufen. Darüber hinaus ist es für mich stabilisierend, Menschen zu treffen, mit denen ich lachen kann und mich von Zeit zu Zeit in mein ästhetisches Zuhause zurückzuziehen. Auch Freewriting – d. h. eine Stoppuhr auf 10 Minuten stellen und innerhalb dieser Zeit alles aufschreiben, was in meinem Kopf herumgeistert – ist sehr hilfreich für mich, um in dichten Zeiten wieder klarer zu werden. Und ganz besonders: Sein in der Natur! In der Natur erinnere ich mich daran, dass Veränderung Teil von uns ist und dann weiß ich wieder, dass in jedem von uns die Fähigkeit schlummert, gut mit Übergängen umzugehen und nach einem sinnbildlich kargen Winter bald ein Frühjahr folgt, wo alles neu wird.

Praxis-Tipp Finden Sie Ihre Anker im Sturm – egal ob es Orte sind, wo Sie besonders gut auftanken können, Menschen, bei denen Sie einfach so sein können, wie Sie sind oder Tätigkeiten, die Ihnen guttun. Alles ist erlaubt von Garten umgraben über Auto reparieren, einen hohen Berg besteigen, auf eine Party gehen bis zu Haus putzen – Hauptsache es entspricht Ihnen und bringt Ihnen ein wenig Ruhe.

Manchmal ist es auch hilfreich, sich an frühere schwierige Situationen im Leben zu erinnern, die man gut gemeistert hat und wo man vielleicht sogar etwas gelernt hat oder eine Stärke eingesetzt hat, die man auch jetzt gut brauchen kann. Das wären dann die inneren Anker, die jeder von uns hat und die uns die so wichtige sichere Ausstrahlung bescheren, wenn es in der Organisation gerade hoch hergeht.

Sie werden es nicht glauben, aber Ihre innere Kraft ist jederzeit verfügbar! Die Frage ist nur, wie können Sie diese Kraft freisetzen und nützen. Der Schlüssel dafür ist, dass Sie so leben, wie es Ihnen entspricht. Solange Sie sich verbiegen und versuchen, jemand anderer zu sein, verbrauchen Sie dafür sehr viel Energie. Ich habe z. B. zwei Jahre versucht, Hausfrau und Mutter zu sein. Doch das ist leider nicht meine Bestimmung. Genauso würde ich mich aber verbiegen, wenn ich nur mehr beratend und vortragend in der Weltgeschichte unterwegs wäre und mich nicht mehr um meine Familie kümmern würde. Meine Aufgabe ist es, meine großartige Arbeit und meine große Liebe für meine Kinder und andere wichtige Menschen unter einen Hut zu bekommen und Haushalt und Kochen müssen nebenhergehen oder dann passieren, wenn ich zufällig Zeit dafür habe.

Was Ihnen entspricht, entscheiden nur Sie und auch wenn Sie eine Arbeit haben, der Sie hauptsächlich wegen dem Verdienst nachgehen, können Sie sich diese Arbeit Ihren Werten entsprechend gestalten.

Wenn Sie Spaß haben wollen, scharen Sie doch ein paar Verrückte rund um sich! Wenn Sie Ihre Ruhe haben wollen, delegieren Sie möglichst viel. Wenn Sie eine Partnerschaft wollen, arbeiten Sie weniger und gehen Sie aus. Wenn Sie Sport machen wollen, finden Sie *bitte* einen Weg, dass Sie ihn in den Alltag integrieren können. Geht nicht, gibt's nicht! Körper, Geist und Seele werden es Ihnen danken, wenn Sie Ihr Leben nach und nach so gestalten, wie es Ihnen entspricht und Ihre Kraft wird viel präsenter sein. Gleichzeitig lernen Sie nebenher, wie Veränderung geht – denn um sich ein authentisches Leben aufzubauen, brauchen Sie Change. Die Ausrede, dass es in Organisationen doch nicht geht, dass alle plötzlich nur Ihr Leben leben, lasse ich dabei nicht gelten.

> **Beispiel: Authentizität und Humor als „Anker" einer Führungskraft**
>
> Der interne Projektleiter eines großen Change-Projektes, das wir mehrere Jahre begleiteten, ist ein gutes Beispiel für eine authentische Führungskraft: Er legte die Konzernregeln immer sehr kreativ aus, tat in jedem Augenblick das, was er gerade für richtig hielt und unterhielt sich mit jedem Menschen in der Organisation gleich, egal ob CEO oder einfacher Mitarbeiter. Ok, manchmal war er etwas impulsiv und manche bezeichneten ihn auch als opportunistisch. Doch er steuerte seine Anliegen immer mutig durch die Komplexität der Organisation und hatte Spaß dabei (und wir mit ihm). Durch seine Eigenschaft, im Moment zu leben, steckte er Niederlagen schnell weg und Hindernisse waren dazu da, kreativ übersprungen zu werden. Wir lachten manchmal Tränen und bewegten gemeinsam dennoch, oder gerade deswegen enorm viel in dieser Organisation!

Authentisches Lebensgefühl bringt sehr viel Sicherheit und das brauchen wir in Veränderungen ganz besonders! Wie uns eine klare Richtung in der Veränderung weiterhelfen kann, erfahren Sie im nächsten Kapitel!

Fazit: Sie müssen nicht alles allein schaffen

Auch wenn es in vielen Führungsetagen salonfähig ist, die Dinge allein zu bewältigen, sind gemeinsam oft bessere Ergebnisse zu erreichen:

- Selbstreflexion ist hilfreich, doch blinde Flecken kann man erst durch eine zweite Person erfahren.
- Wenn Sie fliegen wollen, dann suchen Sie sich Adler, wenn Sie sich schnell durchs Wasser bewegen wollen, suchen Sie nach Pinguinen.
- In Veränderungen gibt es immer auch Durststrecken – dann helfen die Anker im Sturm, d. s. Menschen, Plätze, Tätigkeiten oder Erinnerungen, an die Sie sich „anhalten" können.

7

Eine Richtung finden

Zusammenfassung In einem Veränderungsprozess kommt der Punkt, an dem man genau weiß, was man *nicht* mehr möchte. Die Frage an dieser Stelle lautet: Was stattdessen? Ein Ziel, eine Vision, einen Sinn vor Augen zu haben, die einen wirklich begeistern, sind die größten Antreiber in einer Veränderung. Oft ist es gar nicht einfach, herauszufinden, was man wirklich will oder welche Richtung für die Organisation die passende ist und die Mitarbeiter motiviert und mitzieht. Positive Gefühle spielen hier eine wichtige Rolle, denn sie sind das „Schmieröl" im Getriebe des Erfolgs. Um ein großes Ziel zu erreichen, muss man jedoch auch priorisieren und auf so manche lieb gewordene Gewohnheit verzichten.

2009

Das Telefon läutete anders als sonst, schriller und endgültiger. Ich lebte zu diesem Zeitpunkt in einem idyllischen Schloss, geschützt durch herrschaftlich alte Bäume und fantastische Rosenhecken in einer hügeligen Landschaft in Niederösterreich. Das Läuten riss das harmonische Bild der Umgebung gleichsam in Stücke und kreischte mit meiner inneren Unzufriedenheit um die Wette. Meine Ehe konnte damals nur mehr als bemüht bezeichnet werden. Nach dem großen Glück über die Geburt unserer beiden Söhne war der Alltag von Überlastung, Konkurrenzkämpfen und durchwachten Nächten gezeichnet.

Ich ging zum Telefon und im nächsten Moment erfuhr ich, dass das Leben meines Bruders vollendet war. Er war vermutlich mit einer großen Menge Alkohol im Blut auf die Gegenfahrbahn der Autobahn gefahren und hatte einen tödlichen Verkehrsunfall. Meine innere Unzufriedenheit wich augenblicklich einer farblosen Leere, die irgendwo in mir einen Punkt erreichte, an dem ich noch nie zuvor gewesen war. Es war wie ein Nullpunkt, in dem die Vergangenheit nicht wichtig und die Zukunft noch nicht da war. Hier war kein Schmerz, ja nicht einmal Liebe, hier war nur die große Gewissheit, dass ich nicht so enden wollte wie mein Bruder.

Dieses Ereignis war richtungsweisend für mich. Die Teile in mir, die vor sich hingedöst und es sich im Wattebausch äußerlich hübscher Rahmenbedingungen bequem gemacht hatten, wurden mit einem Mal wach und fragten mich: So, liebe Mira, was hast du jetzt vor mit dem Rest deines Lebens? Dein Bruder ist gegangen, aber du bist noch da und hast eine ganze Menge Talente für dieses Leben mitbekommen. Was ist also dein Plan?

Nach Monaten der Trauer konnte ich langsam klarer denken und formulierte für mich eine sehr einfache und doch kühne Vision: Ich werde zum Gestalter meines Lebens. Nicht mit Gewalt natürlich und immer im Einklang mit jenen Menschen, die mir wichtig sind. Doch ich nahm mir vor, jede einzelne meiner Verhaltensweisen, ja sogar jeden meiner Gedanken auf Stimmigkeit mit meinem Dasein zu hinterfragen. Ich nahm mir vor, mir in Zukunft zu gestatten, uneingeschränkt mein Leben zu leben. Zwei wichtige Menschen waren in den letzten Jahren sehr plötzlich aus meinem Leben verschwunden und ich beschloss, zu bleiben und ein Kunstwerk daraus machen.

Tja, da war ich nun mit meinem Vorsatz, zum Gestalter meines Lebens zu werden und musste fürs Erste auf Spurensuche gehen, was denn mein Dasein eigentlich ausmacht! Das war nicht einfach, denn seit ich denken kann, habe ich mit der Frage „Was willst du wirklich?" gehadert. Der Grund lag wohl darin, dass ich als junger Mensch nie das Gefühl hatte, dass ich mir diese Frage überhaupt stellen durfte. „Man muss sich doch nach anderen Menschen richten und nach den Rahmenbedingungen, die da sind", war tief in mir und wahrscheinlich in vielen anderen

Menschen verankert. Und es gibt tatsächlich immer Rahmenbedingungen, die wir zumindest nicht leicht ändern können. Aber es gibt immer auch einen Spielraum, in dem wir uns frei bewegen und Entscheidungen treffen können. Den gilt es zu finden bzw. in sich zu entwickeln!

Selbstverständlich wünsche ich niemandem einen solchen Weckruf wie ich ihn erlebt habe. Doch ich glaube, dass jeder Mensch Situationen in seinem Leben erlebt, in denen er bereit ist, „tiefer" zu gehen als sonst, d. h. mehr oder alles zu spüren und die Konsequenzen zu ziehen. Solche Situationen können der Verlust eines Jobs sein ebenso wie eine Krankheit, Trauer um nahe Angehörige oder großer Liebeskummer, die einen an emotionale Orte bringen, die einem bisher verborgen waren. So unangenehm sie sind, sind diese Erlebnisse doch meistens Quellen von großer Veränderung und nicht selten einer Veränderung zum Guten. Aus diesen Erfahrungen können Sie für zukünftige Übergänge schöpfen. In diesen Situationen sind wir oft sehr nahe an existenziellen Themen wie Tod, Liebe und eben dem Leben und das hilft, eingelernte Verhaltensmuster und gewohnte Glaubenssätze ein wenig beiseite zu schieben und neu sehen zu lernen. Zur Erinnerung aus dem ersten Kapitel: Das Leben besteht hauptsächlich aus Übergängen. Es gibt kein Leben, das sich nicht verändert! Ich wiederhole das, weil ich es so wichtig finde:

» Es gibt kein Leben, das sich nicht verändert!

Wir leben nur laufend in der Illusion, dass Dinge gleichbleiben können und dies wird zur Quelle von Frust und dem Gefühl, keinen Spielraum zu haben. Doch er ist da, immer und überall! Achten Sie einmal darauf, wie oft Kollegen oder auch Sie selbst sinngemäß etwas sagen wie: Das geht nicht, denn hier gibt es Konzernrichtlinien. Oder: Wenn ich die nötigen finanziellen Mittel hätte, dann ... Oder noch besser: Ich selbst würde es ja tun, aber mein Chef ... Und schließlich noch eine Ansage aus meiner persönlichen Erfahrung: Wie kann ich eine internationale Beratungsfirma führen mit zwei kleinen Kindern ...

Ich konnte und kann es immer noch und meine Jungs haben bereits wohlbehalten das Jugendlichen-Alter erreicht. Wir haben *immer* einen Spielraum, wenn wir nur ehrlich und tief genug schürfen und unsere

Möglichkeiten ausloten. Doch wie komme ich diesem Spielraum auf die Spur und wie finde ich die Vision dahinter?

7.1   Sich selbst zuhören

Es gibt eine geniale Technik, die ich schon mit vielen Klienten im Coaching und auch an mir selbst erprobt habe und mit der in vielen Fällen sehr berührende Zukunftsbilder entstanden sind: Nehmen Sie in einer ruhigen Stunde einen Schreibblock zur Hand und entspannen Sie so gut wie möglich mit Musik, Yoga oder etwas anderem, das Ihnen gut tut. Dann schreiben Sie einer nahen Person einen Brief aus der Zukunft. Überlegen Sie zuerst, wie viele Jahre Sie vorausdenken wollen, dann schreiben Sie oben auf das Blatt: Liebe/r … und ein beliebiges Datum im entsprechenden Jahr … und dann warten Sie, was ihre Hand schreiben möchte, so als wäre es z. B. drei Jahre später.

Beispiel: Nachrichten aus der Zukunft

Am Beginn meiner Beraterlaufbahn schrieb ich mir einen solchen Brief aus der Zukunft und erzählte einer Freundin, dass ich gerade einen Dankesbrief von einem Kunden erhalten hätte, in dem er seine große Zufriedenheit mit den Ergebnissen des mehrjährigen und anspruchsvollen Veränderungsprojekts ausgedrückt hatte. Dreimal dürfen Sie raten: Ich bekam tatsächlich drei Jahre später ein Email von einem Kunden, wo er sich für die sehr herausfordernde, aber letztendlich erfolgreiche Kulturveränderung in seiner Organisation bedankte. Vergangenes Jahr schrieb ich mir wieder einen Brief aus der Zukunft: Ich sitze auf der Terrasse meines neuen Hauses im Grünen und erhole mich von den Vortragsreisen zu meinem Buch … Der Rohbau steht bereits, das Buch liegt in Ihren Händen, der Rest ist im Entstehen!

Für kreativ orientierte Menschen gibt es auch die Collage-Variante: Nehmen Sie sich einen Stapel Zeitschriften – gerne eigene, aber auch welche, die Sie sonst nicht lesen – und blättern Sie diese durch. Immer wenn Sie ein Foto oder ein Wort anspricht, dann schneiden oder reißen (je nach Temperament) Sie es heraus und legen Sie es beiseite. Danach nehmen Sie ein großes Blatt Papier und kleben die Schnipsel auf – betrachten Sie das entstandene Bild und finden Sie den roten Faden … die erste Spur zu Ihrer Vision! Natürlich können Sie auch eine virtuelle Collage machen und Fotos aus dem Internet herunterladen und auf eine leere Seite im Word oder PowerPoint kopieren. Nachdem das Ergebnis nur für Sie bestimmt ist, dürfen Sie ja nach Herzenslust auch lizenzierte Fotos verwenden. Auf meiner persönlichen Collage würden Sie z. B. ein Foto von einem großen Stapel Bücher mit einem Kindle oben drauf sehen – das Sinnbild dafür, dass ich noch mehrere erfolgreiche Bücher und virtuelle Lesegenüsse veröffentlichen werde.

Diese Techniken sind keine esoterischen Hirngespinste, sondern Verbindungshilfen zwischen Hirn und Herz. Das Herz weiß oft schon lange, wohin die Reise gehen soll. Das Hirn braucht aber noch Zeit, um zu verstehen. Diese Übungen können Sie ganz allgemein oder auf ein Thema bezogen machen.

Praxis-Tipp Fertigen Sie sich ein ganz persönliches „Leadership Vision Board" an, wo Sie Bilder aus Zeitschriften oder aus dem Internet wählen, die zu ihrem Führungsideal passen. Dazu ist es hilfreich, an ein Vorbild zu denken, dessen Führungsstil Sie beeindruckt. Wenn Sie sich das Ergebnis an einen gut sichtbaren Platz hängen oder ein Foto davon in Ihrem Handy speichern und öfters ansehen, werden sicher einige Aspekte Ihres Ideals in Ihrem Alltag auftauchen. Und wenn die Motivation sinkt, schauen Sie immer wieder darauf!

Lassen Sie sich auf Experimente dieser Art ein und lernen Sie, tief im Inneren verborgene Bilder, Visionen und Sehnsüchte aufzuspüren und anschließend zu formulieren – die Energie wird bald in die gewünschte Richtung gehen!

»Es ist eine uralte Weisheit, dass dort etwas entsteht, wo Gedanken, Worte und schließlich auch Taten hindeuten.

Wenn ich eine Möglichkeit hätte, diesen Satz *noch* mehr hervorzuheben, würde ich es tun. Denn so viele Menschen unterschätzen die Wirkung ihrer Gedanken und Worte. Wenn ich Menschen manchmal zuhöre, wie sie endlos lästern und negativ über ihre Umgebung, die Politiker, ihre Familie und am allerschlimmsten – über ihre Kinder – sprechen, bin ich fassungslos. Wir haben mit unseren Gedanken und Worten eine solche Macht, uns selbst und unser Umfeld zu beeinflussen und die allerkleinste Übung ist es, mit „gesunden" Gedanken und Worten in den Tag zu starten. Bei allen Problemen auch das wahrzunehmen, was wir schätzen an Menschen und Rahmenbedingungen und wofür wir dankbar sein können, ist ein sehr guter Anfang, um eine positive Richtung zu entwickeln.

Diese Phänomene nutzen wir auch in Workshops von Veränderungsprozessen. In den ersten Meetings eines Change-Projektes fragen wir nach der Vision für die Veränderung – das ist für die Beteiligten oft nicht einfach, wenn sie gerade ganz tief in einer Misere stecken, sodass vielleicht nur mehr der Kopf herausschaut! Da wirkt es manchmal fast anmaßend, sich eine schöne Zukunft auszumalen. Doch es ist neben einer achtsamen Standortbestimmung sicher eine der wirksamsten Interventionen in solch einem Projekt. Wir „zwingen" die Menschen zu einem Gedankenexperiment in eine bessere Zukunft. Dann laden wir ein, diese Gedanken auch in Worte zu fassen und mit ihren Kollegen zu teilen und in manchen Fällen folgt noch eine kreative Übung, an deren Ende ein Symbol, Motto, Bild oder ähnliches steht. Kreatives weckt immer die Emotion und die brauchen wir in jedem Fall für kleine und große Veränderungen!

In letzter Zeit beschäftigen sich erfreulicherweise immer mehr Organisationen auch mit dem „Sinn" hinter ihrem Tun. Erfreulich ist es aus meiner Sicht dann, wenn das Ziel eines Purpose-Prozesses nicht nur ein Marketing-tauglicher Spruch ist, den man auf die Website schreiben kann. Interessanter ist die ehrliche Suche nach dem, was die Mitarbeiter einer Organisation treibt, ihren Beitrag zur Wertschöpfung zu leisten und damit die gemeinsamen Werte und die hinter den Produkten und Dienstleistungen liegende Motivation zu entdecken. Simon Sinek hat mit seinen Büchern und Vorträgen viel zur Bewusstseinsbildung für das WHY einer Organisation mit der Frage „Wozu tun wir etwas?" geleistet

(Sinek 2011). Die Beschäftigung mit dem Sinn oder auch der Bestimmung kann einer Firma einen ganz neuen Zusammenhalt geben – deswegen, weil die Antriebsfeder hinter dem Angebot sicht- und fühlbar wird. So kann z. B. eine Stahlfirma, die besonders reinen und energieschonend hergestellten Stahl produziert, der noch dazu auch den Maschinen, für die er verwendet wird, ökologische Vorteile bietet, einen Purpose wie „Wir halten die Erde intakt für unsere Kinder" haben.

Der Purpose kann eine klare Ausrichtung und eindeutigen Rahmen für Entscheidungen geben. Wenn der Purpose allerdings noch nicht dem entspricht, wo Sie hinwollen, brauchen Sie eine klare Vision, die Sie und die Mitarbeiter in eine neue Richtung zieht und anhand der langsam ein neues Werte-Gebilde aufgebaut werden kann.

7.2   Fühlbare Orientierung

Über Visionen wird in Organisationen viel diskutiert und es tauchen Fragen auf wie: Brauchen wir eine Vision für den langfristigen Erfolg? Was macht eine gute Vision aus? Was passiert, wenn es keine gibt? In manchen Firmen gibt es tolle Folien zur Vision, die jedoch niemand versteht und hinter dem sprichwörtlichen Ofen hervorholen. Manchmal kursieren informelle Visionen, die viel stärker motivieren als alles, was jemals auf Papier festgehalten wurde. So sagte etwa die Mitarbeiterin eines Pharma-Unternehmens einmal zu mir: „Ich stelle mir immer vor, dass mein Vater oder meine Mutter das Medikament nehmen müssen und das motiviert mich enorm, schnell und in exzellenter Qualität zu arbeiten!"

So manche Geschäftsleitung ist überzeugt: Wir sind auch ohne Vision erfolgreich! Eine Vision ist vielleicht nicht immer erforderlich, v.a. dann nicht, wenn es im Unternehmen charismatische Führungskräfte oder Gründer gibt, die kraft ihrer Person einen Zug in eine Richtung herstellen. Charismatische Führungskräfte haben allerdings eines gemeinsam: Sie haben einen starken persönlichen Kompass eingebaut! Und dieser Zug in eine Richtung ist oft stärker als alles, was sich ein Leitungsteam, das womöglich auch noch unterschiedliche Werte hat, je für die Zukunft ausdenken kann.

Gerade in Zeiten von Veränderung kann eine klare Vision eine herrlich entlastende Orientierung geben, die viele Entscheidungen erleichtert.

Beispiel: Formulierung einer Vision

Ein Kunde mit erstklassigen Produkten war mit immer stärkerem Wettbewerb und steigenden Anforderungen vom Markt konfrontiert. Die Kundenorientierung in der Belegschaft war zwar grundsätzlich da, doch das Bewusstsein, dass gute Produkte allein nicht mehr reichen, war nicht überall vorhanden. Es kostete einige Überzeugungskraft beim Geschäftsführer, dass er die Relevanz eines emotionalen Zugs in die Zukunft erkannte, doch dann formulierte er mit seinem Leitungsteam die Vision für die notwendige Veränderung mit: „Great products, best service".

Nun war für alle klar, dass Service und Sales mehr zusammenarbeiten mussten, Serviceverträge ebenso wichtig waren wie Produktverkäufe und die interne Kommunikation im Sinne des Kunden sich drastisch verbessern musste. Begleitet wurde diese formelle Vision von einem auf einer Großveranstaltung kreierten „Schlachtruf". Er wurde in alle Sprachen der europaweit tätigen Mitarbeiter übersetzt und bei jedem Erwähnen trug er fortan zu großem Gelächter bei. Ich als Österreicherin habe mir diesen Ausspruch mit „Wir sind einfach geil" übersetzt und das war für diese sonst sehr strenge und intellektuelle Organisation ein herzhafter und heilsamer Ansatz.

Ganz allgemein geht Veränderung viel leichter, wenn es eine emotional ansprechende Orientierung gibt, die uns nicht nur im Kopf, sondern vor allem auch im Herzen leitet. Für mich persönlich war nach meiner Scheidung z. B. eine ganz wichtige Vision, eine Partnerschaft zu finden, wo man einander auf Augenhöhe begegnet, sich gegenseitig bei Vorhaben unterstützt und doch jeder seinen Weg geht. Dies wusste ich jedoch nicht sofort – erst nachdem ich einige Männer getroffen hatte, mit denen ein Miteinander sehr schnell in Konkurrenzkämpfen und Manipulationsversuchen mündete, fand ich heraus, was ich eigentlich wollte. Es ist ein guter Anfang, zu wissen, was wir *nicht* wollen. Dann können wir anschließend herausfinden, was wir stattdessen wollen!

»Wir können unsere Träume und Visionen besser erreichen, wenn wir im Vorhinein bereits fühlen können, wie es sein wird, wenn der Traum erfüllt ist.

Sie können das zunächst über die Vorstellungskraft erreichen, mit der Sie sich in die Zukunft „beamen" und mal gucken, wie es sich dort so anfühlt. Ich wage sogar zu behaupten - solange es Ihnen nicht gelingt, zu spüren, wie es sich dort anfühlt, können ihre Träume auch schwer erreicht werden. Sehr wahrscheinlich handelt es sich bei dem „Traum" dann um einen abstrakten, kognitiven Wunsch und weniger um eine Herzensangelegenheit.

Solange ich also nicht genau wusste, welche Qualität eine neue Partnerschaft haben sollte und nur Konzepte und Möglichkeiten in meinen Gedanken herumschwirrten, war es auch schwierig, den passenden Partner zu finden. Als ich jedoch meine Vision entsprechend formulierte und es spüren konnte, wie es sich anfühlen würde, diesen respektvollen und lebendigen Umgang auf Augenhöhe zu leben, war er plötzlich da – mein jetziger Mann, der ähnlich verrückt und lebenshungrig ist wie ich und daher perfekt zu mir passt. Jetzt bauen wir uns wie erwähnt gerade ein Haus – vor Kurzem noch ein Traum -, das uns ein gemeinsames Wohnen und Arbeiten unter einem Dach in einer naturnahen Umgebung ermöglichen wird. Ich kann bereits fühlen, wie ich dort lebe, schreibe, Gäste und Kunden empfange, den Garten gestalte, Workshops anbiete usw.

Bereits in der Einleitung zu diesem Buch erwähnte ich, dass es in Organisationen oft nicht leicht ist, über Emotionen zu sprechen. Zu einer emotionalen Vision oder einem lebendigen Daseinszweck zu gelangen, ist daher durchaus eine Herausforderung. Auf die Frage nach einer Orientierung für die Zukunft hören wir oft: Ja, die gibt's! Aha, und wie lautet die? Moment, da muss ich mal nachsehen … Ohje! Eine gute Vision sollte so kurz, herausfordernd und begeisternd sein, dass jeder Mitarbeiter und jede Mitarbeiterin sie sich gut merken kann! Für Microsoft war das in den 70er-Jahren das scheinbar utopische Anliegen: „Ein PC in jedem Haushalt" – damals klang es verrückt, heute ist es zumindest in den Industrieländern von der Realität vermutlich nicht weit weg.

7.3   Loslassen – der Preis jeder Veränderung

Der Nachteil von großen Visionen ist, dass sie einen Preis haben und oft ist dieser nicht klein. Die Frage, die gleich hinter: „Wo willst du hin?" steht, lautet: „Was bist du bereit, für das Erreichen der Vision zu geben?" Uff, auch das noch!

Beispiele fürs Loslassen

Wenn ich die Qualitätskultur in einem Produktionsunternehmen steigern möchte, dann muss ich aufhören, über massive Verstöße gegen Qualitätsregeln hinwegzusehen und Personen nach 1-2-maligem Ermahnen auch kündigen – Betriebsrat hin oder her!

Wenn die Mitarbeitenden die neue Strategie nicht verstanden haben, muss ich aufhören, Recht haben zu wollen und zu sagen: Aber ich habe sie doch schon so oft erzählt!

Wenn ich wieder Spaß in der Arbeit haben möchte, muss ich aufhören, am hohen Verdienst in meinem jetzigen Job festzuhalten und mutig etwas Neues suchen!

Das klingt alles sehr logisch, doch die Erfahrung zeigt, dass ganze Change-Projekte daran scheitern, weil alte Zöpfe nicht abgeschnitten werden und daher keine „neue Frisur" zustande kommen kann. Wer einen coolen Kurzhaarschnitt möchte, wird sich von den langen (vielleicht schon verfilzten) Locken verabschieden müssen, so weh es auch tut. Auch hier können wir wieder in die Natur schauen, um zu lernen: Das alte Laub, die verwelkten Blüten und der Kot von Tieren wird zum Dünger und Nährboden für neue Pflanzen. Die Natur lässt im Herbst bereitwillig alles gehen, was sie im Winter nicht braucht, nur um im Frühling in aller Frische mit einer neuen Version von sich selbst in großer Farbenpracht zu erblühen.

Ein weiterer Aspekt ist, dass es rein ressourcentechnisch meistens nicht möglich ist, den bisherigen Alltag aufrecht zu erhalten und gleichzeitig etwas Neues zu kreieren. Manchmal höre ich von Menschen in Organisationen, die sich mit dem Gedanken tragen, sich selbstständig zu machen, dass sie vorerst *nebenbei* ein Business aufziehen und erst wenn es funktioniert, kündigen wollen. Vielleicht gelingt das in Einzelfällen, wenn man eine Marktlücke findet, für die die Nachfrage explodiert, weil die Zeit reif ist. In vielen Fällen ist dies jedoch eine Falle, die weder Zufriedenheit im Angestellten-Dasein, noch Erfolg in der Selbstständigkeit bringt. Ich habe das selbst probiert und bin zum Schluss gekommen, das nach reiflicher Überlegung ein klarer Schnitt meist am besten ist, weil die Energie nicht mehr geteilt und der Fokus klar wird.

Praxis-Tipp In Veränderungsprojekten ist die Diskussion über die Ressourcenverteilung ein Dauerbrenner. Was tun, wenn ich für das Thema der Veränderung brenne und mich engagieren will und mein Vorgesetzter zwingt mich, in Routinearbeit und langweiligen Projekten zu verweilen? Da bleibt zu hoffen, dass die Unternehmensleitung im Boot des Veränderungsprojekts sitzt und ihre Führungskräfte entsprechend anweist, dass sie ihren Mitarbeitern die Teilnahme an dem Veränderungsprojekt ermöglichen.

Denn ein Change-Projekt soll nicht dazu da sein, dass ein Teil der Leute im Burnout landet, weil sie neben ihrer Alltags-Arbeit noch Veränderungsthemen verfolgen. Ganz im Gegenteil! Wenn ein Teil der Leute begeistert an der Veränderung arbeitet und Routine-Themen für die Übergangszeit an andere delegieren darf, hat das Projekt eine sehr große Chance, Fahrt aufzunehmen!

》Es gibt in jeder Situation, die Sie verändern möchten, mindestens so viele Gründe wie sie Finger haben, die dafürsprechen, den Status quo aufrecht zu erhalten. All diese Gründe müssen Sie gehen lassen und einen ganz besonders: Es ist nicht der richtige Zeitpunkt.

Das Geheimnis ist: Der richtige Zeitpunkt für eine Trennung, für einen Neuanfang oder für den ersten Schritt aus der Komfortzone kommt nie – außer man entscheidet, er ist jetzt. Mit dieser Entscheidung lässt man los von den vielen anderen Möglichkeiten, die man auch noch gehabt hätte, von den vielen Meinungen, die es da draußen gibt und von dem vielleicht schon jahrelangen Zögern, etwas Neues zu probieren. Viele Menschen unterschätzen die Kraft von eindeutigen Entscheidungen. Wer den Unterschied einmal gefühlt hat, kann sich jedoch nie wieder belügen.

Beispiel: Entscheidung für ein Change-Projekt

Ich kann mich gut an eine Situation bei einer Angebotspräsentation erinnern – ich konnte dem Geschäftsführer direkt ansehen, dass er mit sich selbst rang, ob er sich über das Change-Projekt trauen sollte oder nicht. Und plötzlich sagte er: Ok, Frau Meiler, wir machen das! Juhu! Denn der beste Start für ein Projekt ist ein klares Commitment vom obersten Management und das kann die sprichwörtlichen Berge versetzen.

Abschließend zu diesem Kapitel habe ich leider noch eine schlechte Nachricht: Es ist zwar sehr wertvoll, eine klare Entscheidung zu treffen und dann bereits zu spüren, wie es sich am Ort Ihrer Träume anfühlt – doch zufliegen wird Ihnen der Traum nicht! Sie werden gefälligst Ihren Hintern erheben und etwas für Ihren Traum tun müssen. Wenn Sie eine charismatische Führungskraft werden wollen, dann buchen Sie Sprech- und Auftrittstraining, auch wenn es die Firma nicht bezahlt. Wenn Sie Ihren Traummann treffen wollen, dann gehen Sie aus oder melden Sie sich auf einer Online-Plattform an. Wenn Sie in Ihrer Organisation eine neue Art der Zusammenarbeit einführen wollen, dann nehmen Sie sich Zeit dafür und geben Sie den Mitarbeitern ebenfalls Zeit für die Veränderung.

Und dann geht die Reise los und führt uns manchmal zunächst auf Umwege, die vielleicht wieder alles über den Haufen werfen …

Fazit: Eine Richtung finden
Wenn ich bereit bin, aufzubrechen – wie finde ich dann die passende Richtung, die motivierende Vision?

- Hören Sie zu, was Ihre größten Träume und Visionen sind! Ihr Inneres oder das Innere der Organisation weiß oft sehr genau, wo es hinwill.
- Dann machen Sie einen Kurztrip in Ihre Vision und spüren Sie in allen Details, wie es sich dort anfühlt. Die Emotion hilft beim Erreichen der Ziele.
- Wenn Sie sich auf den Weg zur Vision machen, müssen Sie immer etwas dafür gehen lassen.

8

Die geraden Wege sind nicht immer die besten

Zusammenfassung Die große Verlockung in einer schnelllebigen Zeit ist, möglichst rasch und effizient neue Wege zu gehen. Da sich die Rahmenbedingungen aber ebenso schnell und mitunter auch radikal verändern, scheint ein schrittweises Vorgehen oft besser. Auf fix vorgegebenen Pfaden werden wir auch keine bahnbrechenden Innovationen und außergewöhnlichen Geschäftsideen finden. Mut zum Querdenken ist gefragt, Lust aufs Fehlermachen und vielleicht sogar ein Besuch auf der grünen Wiese, wo man sich selbst und das gesamte Unternehmen in Frage stellt. Auf solchen Umwegen trifft man manchmal auf Lösungen und Fähigkeiten, die sich in Zukunft als sehr wertvoll für den Erfolg der Organisation herausstellen.

© Der/die Herausgeber bzw. der/die Autor(en), exklusiv lizenziert durch Springer-Verlag GmbH, DE, ein Teil von Springer Nature 2020
M. M. Meiler, *Emotionales Change Management*,
https://doi.org/10.1007/978-3-662-62211-7_8

2014

Das Bild war fertig. Ich ging ein paar Schritte zurück und bewunderte mein Werk – ein 2,7 × 3,5 m großes dreiteiliges Bild, das ich als Auftragsarbeit für ein Büro in der Wiener Innenstadt gemalt hatte. Wie meistens war ich selbst erstaunt, dass ich das Bild in so sicherer Art und Weise aus einer vagen Idee des Kunden heraus gestaltet hatte. Ich war über Grenzen gegangen mit dieser Arbeit, musste Altes loslassen, wahnsinnig viel Neues ausprobieren, immer wieder übermalen und erlebte in den Wochen des Malprozesses die unterschiedlichsten Gefühle von großem Frust bis zu magischer Freude und Stolz auf meine Schaffenskraft. Dieses Bild war der lebendige Beweis, dass alles, was man sich vor dem inneren Auge vorstellen, auch Realität werden kann.

Erst vor ein paar Jahren hatte ich aus einer Laune heraus zu malen begonnen, wurde rasch infiziert und lernte gierig in zahlreichen Kursen und Ausbildungen dazu. Nach ersten Ausstellungen wurde ich gefragt, ob ich meine Art zu Malen auch in Workshops weitergeben könnte. Workshops? Gerne! Das konnte ich und die Mal-Workshops wurden zum zweiten Standbein neben dem Einzelcoaching, das ist damals vorwiegend anbot. Darüber hinaus wurde die Malerei zu meinem Rückzugsort in turbulenten Zeiten und zu meiner großen Lehrmeisterin jenseits von Coaching, Ausbildungen und Fachbüchern. Beides konnte ich in weiterer Folge gut brauchen – nach vielen Versuchen mit und ohne Helfer, die Liebe in meiner ersten Ehe wiederzuentdecken, blieb die ernüchternde Erkenntnis, dass wir uns zwar als Eltern unserer Kinder respektierten, doch die Paarbeziehung kaum mehr Freude zu bieten hatte. Wir entschieden uns zuerst, zurück nach Wien zu ziehen und dann, uns scheiden zu lassen.

Trotz vieler Warnungen und ängstlicher Reaktionen von Freunden und Familie fasste ich den Plan, mich an der Schnittstelle Kunst-Wirtschaft selbstständig zu machen. Ich gründete einen Ort im Herzen von Wien, der als Atelier und Coaching-Praxis diente sowie sich als Treffpunkt für Kunstschaffende und Menschen in der Wirtschaft etablierte. So kamen ganz unterschiedliche Menschen zu mir von Müttern, die eine Auszeit suchten, über Jugendliche, die sich vom rigiden Kunstunterricht lösen wollten bis zu Managern in Maßanzügen, die endlich ihren Emotionen Ausdruck verleihen wollten und in der Malerei ein Ventil fanden. Allen gemeinsam war die Faszination über die menschliche Ausdruckskraft sowie der Wille, etwas zu gestalten und den inneren Bildern im außen eine Bühne zu geben.

Die Kunst war der längste und lustvollste Umweg in meinem Leben. Kunstschaffen ist lebenslanges Lernen von Veränderung, Vorwagen ins Unbekannte, Querdenken, ein ständiger Wechsel zwischen strategischer Planung und laufendem infrage stellen des Erreichten – aus heutiger Sicht also der Inbegriff von agilem Vorgehen, das in vielen Organisationen erst mühsam gelernt werden muss. In der Kunst gilt aber auch gnadenlose Authentizität, denn das Publikum merkt, ob ein Werk aus dem Innern erschaffen wurde oder ein plumper Reproduktionsversuch ist. Und v.a. ist Kunst ein Schöpfungsprozess, der dem Menschen ganz natürlich entspricht. Ich habe viele Menschen in meinem Atelier begleitet, von der Schülerin über Angestellte bis zu Top-Managern, die über ihr eigenes Potenzial hoch erstaunt waren und am Ende des Workshops mit einem breiten Grinsen im Gesicht ihr Werk heimgetragen haben.

Auf die Kunst zu setzen war vermutlich nicht der leichteste Weg, um nach der Scheidung für mich und die Kinder zu sorgen und ich konnte den Lebensstandard von den Jahren davor auch nicht aufrechterhalten. Doch das war mir egal. Ich wollte herausfinden, ob die Kunst und im Speziellen die Malerei das ist, was mich langfristig glücklich macht und womit ich auch anderen Menschen etwas Wertvolles geben kann. Es stellte sich zwar heraus, dass ich in der Arbeit mit Menschen in Organisationen hilfreicher und talentierter bin als als Künstlerin, doch wie hätte ich das gewusst, wenn ich es nicht probiert hätte? Wie mittlerweile in verschiedenen Studien belegt, ist das, was die Menschen an ihrem Sterbebett bereuen nie das, was sie in ihrem Leben getan haben, sondern das, was sie *nicht* getan haben! Und dennoch, das Kunstschaffen und -lehren war eine wahre Fundgrube für mich, um zu beobachten, wie Menschen an die Gestaltung eines emotionalen Werkes herangehen – und Veränderungsprozesse sind ja auch emotionale Werke, wo es viel zu gestalten gibt.

》Beim Malen gibt es drei Phasen, die für viele Menschen schwierig sind: den ersten Pinselstrich wagen, das Chaos in der Mitte aushalten und wissen, wann das Werk fertig ist. Bei Change Projekten ist es ähnlich.

Auf Veränderungen übertragen ist der erste Pinselstrich der erste Schritt ins Neue – darüber habe ich bereits in Kap. 5 geschrieben, man muss es einfach tun! Dann der Punkt, wo das Alte nicht mehr und das Neue noch nicht da ist – das ist die chaotische Phase, wo viele Menschen aufgeben, in eine neue Richtung zu gehen und nur mehr ein bisschen warten müssten, bis die Richtung etwas deutlicher wird (siehe 7. Kapitel). Und schließlich ist da der geeignete Zeitpunkt, wo das Neue gut genug ist, um es zu präsentieren und zu „vermarkten". Bei einem Kunstwerk kann dieser Zeitpunkt sehr bald oder nie eintreten, je nach Perfektionsanspruch des Künstlers.

In den heutigen wirtschaftlichen Rahmenbedingungen empfiehlt es sich, nicht *zu* lange zu warten, denn der Wettbewerb schläft nicht und ganz ehrlich: Was ist bitte ein perfektes Produkt? Das kann doch nur der Kunde entscheiden und der kann nur entscheiden, wenn er es auch verwendet oder genießt. In dem agilen Organisationsmodell namens Holacracy (Robertson und Kauschke 2016) gibt es dazu einen schönen Ausdruck: *It's good enough to try.* Um ein neues Produkt oder ein neues Verhalten auszuprobieren, reicht es, wenn die beteiligten Personen sagen: Ok, es ist gut genug, um es zu versuchen! Manchmal liegen auf diesem Weg vielleicht Irrwege, doch durch häufige Reflexions- und Lernschleifen eröffnen sich oft neue und ungewöhnliche Lösungen, die schließlich auch langfristig Bestand haben und die man mit rigider Planung nie gefunden hätte.

In manchen Organisationen wird so eine Einstellung immer noch als unprofessionell abgetan. Obwohl wir nicht zuletzt durch Krisen wie die weltweite Corona-Pandemie gelernt haben, dass Ziele, Strategien und sogar Visionen nicht ewig halten und fallweise radikal revidiert werden müssen, ist es gerade für große Organisationen und internationale Konzerne eine Herausforderung, eine „Nix-is-fix-Haltung" einzunehmen. Doch es wird nicht mehr lange dauern und auch konservative Branchen werden sich mit Digitalisierung, disruptiven Geschäftsmodellen und agiler Strategie-Entwicklung beschäftigen müssen. Vielleicht brauchen wir in Zukunft sogar mehrere Visionen, da wir ja noch gar nicht wissen, welche radikalen Veränderungen uns die Welt in den nächsten 10 Jahren bieten wird. Und sehr wahrscheinlich brauchen wir auch Lösungen, die ein wenig „out of the box" sind.

8.1   Querdenken erwünscht

Querdenken ist einer der Erfolgsfaktoren in der Kunst, um zu einem
„guten", also interessanten Ergebnis zu gelangen. Eigentlich lebt Kunstschaffen sogar davon, vorhandene Prozesse und letztendlich auch sich
selbst in Frage zu stellen. Da wäre es doch auch in Organisationen nahe-
liegend, zu sagen: Her mit den unbequemen Querdenkern! Wir brauchen euch, um uns immer wieder zu hinterfragen und nicht in Versu-
chung zu geraten, es sich im Tagesgeschäft bequem zu machen. Doch in
vielen Unternehmen werden die Querdenker als *gefährlich* eingestuft,
weil sie Unruhe stiften und Vorschläge machen, die auf den ersten Blick
verrückt sind, weil sie zu weit von den aktuellen Möglichkeiten entfernt liegen.

Zu Beginn einer Veränderung ist dieses Phänomen übrigens eine der
größten Herausforderungen und auch der Grund, warum viele Menschen gar nicht beginnen, etwas zu verändern: Selbst wenn das Ziel der
Veränderung klar ist und man es auch fühlen kann, wird der Unterschied
zwischen jetzt und Ziel als *so groß* empfunden, dass man es sich nicht
zutraut.

>> Die große Kunst der Veränderung besteht da-
rin, das Zukunftsbild zu verinnerlichen und im
Herzen zu tragen und kleine Mäuseschritte in
Richtung dieses Zukunftsbildes zu machen.

Dann kommt die Vision langsam näher, man spürt erste Erfolge – die
sogenannten Quick-Wins – und wird immer selbstbewusster in der neuen
Welt. Die Querdenker sind deshalb so unbequem, weil sie die Mäuseschritte meist überspringen und gleich einen Riesenschritt vorschlagen.
Die Angst der Kollegen und Vorgesetzten ist daher vorprogrammiert und
ideal ist dann ein „Übersetzer", der die Kommunikation zwischen dem
Querdenker und den anderen übernimmt und den Weg in die Zukunft
in annehmbare kleine Etappen zerlegt – z. B. Kommunikationsexperten
oder Berater.

Beispiel Teil 1: Teamentwicklung mit künstlerischen Methoden

In meinem Atelier hatte ich einmal ein Führungsteam aus einem mittelständischen Unternehmen für eine Teamentwicklung mit künstlerischen Interventionen zu Gast. Ein Team-Mitglied wurde mir bereits vorher als „schwierig" angekündigt, weil er tendenziell anderer Meinung als der Chef und einige andere Team-Mitglieder war. Solche Ankündigungen sind immer interessant, denn wie in einem vorherigen Kapitel bereits erwähnt, versuche ich Menschen in Projekten immer mit archäologischem, also unvoreingenommenem Blick zu begegnen. In diesem Fall war es tatsächlich eine interessante Person, die bereits nach fünf Minuten die Methode der Kreativität als Quelle zur Weiterentwicklung in Frage stellte. Ich bat ihn, es als Experiment zu sehen und sich neugierig darauf einzulassen und nach einigen Rückfragen konnten wir weitermachen.

Mein Vorteil ist, dass ich weiß, dass alle Menschen kreativ sind und vor allem Führungskräfte einen ureigenen Gestaltungswillen in sich tragen. Daher muss auch im kreativen Gestalten ein Ergebnis herauskommen, über das man zumindest sprechen kann. Und ich weiß auch, dass die Rebellen in Gruppen oft Personen sind, die Dinge aussprechen, die mehrere Leute im Raum beschäftigen und die deshalb eine wichtige Funktion haben. Querdenker sind oft Symptomträger, sprechen Tabus an und trauen sich Dinge auszuprobieren, die andere nicht einmal zu denken wagen. Das sind wichtige Eigenschaften, um in einem Veränderungsprojekt voranzukommen und ja, das kann manchmal unbequem sein!

Beispiel Teil 2: Teamentwicklung mit künstlerischen Methoden

Zurück zu dem Team in meinem Atelier. Nach einigen Vorübungen sollte zunächst jeder ein Bild malen zum aktuellen Thema im Team. Der Querdenker ließ sich sehr lange Zeit und machte dann mit ein paar Pinselstrichen ein derart aussagekräftiges und attraktives Bild, sodass er von allen Anwesenden Anerkennung bekam. Er hatte in zwei Minuten das Thema des Teams auf den Punkt gebracht und es war in der Folge gut möglich, über die Zusammenarbeit im Team zu reflektieren und gemeinsam zu lernen.

Das ist ein Phänomen, das ich immer wieder in den Mal-Workshops beobachtete: Die größten Skeptiker sind oft die besten Künstler! Ich erkläre mir das so, dass sie ein sehr bewegtes Innenleben haben, das sich im Außen in mühsamem Verhalten zeigt, wenn diese vielen Gefühle und Gedanken kein Ventil für Ausdruck bekommen. Mein Mann sagt auch manchmal zu mir, dass ich anstrengend bin – ein eindeutiger Hinweis darauf, dass ich gerade in irgendeinem kreativen Prozess stecke, den ich aber noch nicht artikulieren kann!

Praxis-Tipp Den Querdenkern oder Kreativen in Organisationen Raum zu geben kann sehr wichtig für Veränderungsprojekte sein. Doch wie können Sie dennoch „steuerbar" bleiben? Am besten mit Strukturen, innerhalb derer sie spinnen und sich austoben dürfen!

Einige große Konzerne sind dazu übergegangen, eigene Startups zu gründen, wo von Beginn an eine komplett andere Struktur und Kultur der Zusammenarbeit herrscht. Während man im Headquarter von Marmor, Portier und ehrfürchtiger Ruhe begrüßt wird, trifft man ein paar Straßen weiter in der gleichen Firma auf bunte und flexible Einrichtung und lachende junge Leute mit Einhorn-Rucksäcken (!).

Aber es muss nicht gleich ein Startup sein, auch diverse Methoden wie Design Thinking bieten einen hilfreichen Rahmen, in dem man einfach mal wild drauf los basteln und kreieren kann. Und selbst in Vorstands-Meetings darf es einmal erlaubt sein, ungewöhnliche Methoden anzuwenden:

Beispiel: Visualisierung der Abläufe als Basis für Reflexion

Einmal habe ich ein Vorstandsteam begleitet, sich klarer über notwendige Veränderungen in den sehr komplexen Abläufen der Immobilienbeteiligungs-Gesellschaft zu werden. Ich lud sie ein, die Stationen in einem Beteiligungs-Projekt von der ersten Idee über die langwierige Abwicklung der Akquisition bis zum potenziellen Wiederverkauf der Immobilie mit Bausteinen, Post its, Moderationskarten etc. auf einem sehr großen Besprechungstisch aufzulegen und dann den kompletten Ablauf mit einem Wollfaden von Station zu Station nachzuvollziehen. Das Ergebnis war ein sehr verzweigtes Netzwerk, wo die vielen Schnittstellen und neuralgische Punkte im System sehr gut sicht- und besprechbar wurden. Sie waren begeistert über dieses aussagekräftige Bild und überlegten sogar, das „Kunstwerk" aufzuhängen – doch es war zu filigran und ein Foto verewigte das Werk um später mit weiteren Personen über notwendige Veränderungsschritte sprechen zu können.

8.2   Vertrauen in ein gutes Ende

Wenn ich begründen soll, warum gerade ich Menschen gut durch Veränderungen begleiten kann, dann ist das u. a. eine Eigenschaft, die ich in der Malerei sehr oft üben durfte: Ich vertraue darauf, dass es gut ausgeht! In der Malerei war ich mir sicher, dass am Ende ein tolles Bild herauskommt und in Change-Prozessen habe ich ein unerschütterliches Vertrauen, dass sich Menschen verändern können und fast immer mehr können als sie wissen.

In den ersten Mal-Workshops bin ich allerdings fast zersprungen vor Ungeduld, weil nicht sofort ein hübsches Ergebnis zu sehen war. Nicht nur einmal bin ich verzweifelt vor einem Bild gestanden und hatte das Gefühl, es geht gar nichts mehr. Mein Mal-Meister punkto Acryl-Malerei pflegte immer zu sagen: Liebe Mira, lass es einfach einmal trocknen und dann sehen wir weiter! Wie bitte? Wie stellte er sich das vor – ich habe doch nicht dauernd Zeit, meine Bilder trocknen zu lassen, so werden sie ja nie fertig! Und immerhin wollte ich am Ende eines Mal-Workshops ein Ergebnis haben, das vorzeigbar war und vielleicht sogar geeignet, im Wohnraum aufgehängt zu werden!

In einem dieser Workshops erreichte ich einen Punkt, wo mir alles egal war und ich rannte zum Lehrer und sagte: So, lieber Norbert, ich möchte dir nur sagen, dass ich ganz sicher *nichts* von dem aufhängen werde, was ich hier produziere … Er lachte sehr herzlich und ließ mich in meinem Glauben, nur wertloses Zeug zu produzieren, wieder von dannen ziehen. Doch was passierte dann? Ich war frei!

»Wenn man sich von allen Meinungen, Zensuren und Gedanken befreit und sich in aller Ruhe einer Aufgabe widmet, können ungeahnte Möglichkeiten in außergewöhnliche Werke umgesetzt werden.

Von da an experimentierte ich wild vor mich hin, gestaltete, übermalte und lachte über meine tollpatschigen Versuche, vorwärts zu kommen.

Ich hatte ja nichts mehr zu verlieren, denn niemand würde diese Bilder je zu Gesicht bekommen! Zunächst unbemerkt und dann immer bewusster kam ich aber sehr wohl vorwärts und hatte am Ende des Workshops eine beachtliche Anzahl von Kunstwerken produziert, die mir ausgesprochen gut gefielen und – das hätte ich damals nicht für möglich gehalten – die ich später auch zu einem guten Preis verkaufte. Am Ende des Workshops fragte mich mein Mal-Meister: Und Mira, bist du dir immer noch sicher, dass du nichts aufhängen wirst? Ich strahlte und sagte: Wo denkst du hin, ich werde *alle* aufhängen!

Diese Einstellung ist nicht nur beim Malen, sondern auch in vielen anderen Lebenslagen und selbstverständlich auch in Veränderungsprojekten sehr hilfreich: Sich freimachen von den Dos und Don'ts der anderen und ein tiefes Vertrauen entwickeln, dass es besser werden kann als jetzt. Sollten Sie sich jetzt fragen, wo Sie dieses Vertrauen „kaufen" können, muss ich Sie enttäuschen. Sie können es weder kaufen noch mieten, jedoch können Sie es entwickeln oder sich daran erinnern.

Ich bin völlig überzeugt, dass Sie in Ihrem Leben bereits Situationen erlebt haben, wo es Ihnen plötzlich egal war, was die anderen denken. Sie haben es einfach getan! Alle befreundeten Familien fahren mit ihren Kindern ans Meer? Egal, Sie schnallen sich die Kleinen um, nehmen die Größeren an der Hand und gehen wandern! Freunde raten davon ab, ein Unternehmen zu gründen und Sie tun es einfach! Vielleicht hat es auch schon Projekte gegeben, wo Sie sich gegen verschiedene Widerstände durchgesetzt haben und einfach Ihren Weg gegangen sind. Erinnern Sie sich an diese Situationen und daran, wie gut es sich anfühlt, das umzusetzen, wovon Sie in Ihrem Inneren überzeugt sind. Dieses Gefühl brauchen Sie, um Veränderungen rasch und konsequent umzusetzen und je öfter Sie es erlebt haben, desto mehr Vertrauen in ein gutes Ende werden Sie haben.

»Das größte Hindernis, um zu einem vertrauensvollen Umgang mit Veränderungen zu kommen, ist der Zeitdruck.

Wenn Sie Meditieren lernen wollen, setzen Sie sich sicher nicht neben eine vierspurige Autobahn. Doch sinngemäß wird genau das in Veränderungsprojekten oft von Mitarbeitern verlangt: Nebenbei schnell mal etwas Neues aus dem Boden stampfen, ein bisschen reflektieren und Kurs korrigieren – fertig! Die Workshops werden von zwei Tagen auf einen und dann auf einen halben gekürzt und überhaupt – müssen denn immer alle Kernteam-Mitglieder teilnehmen? Und das Leitungsteam – das hat sowieso andere Verpflichtungen! Sorry, sagen wir als Berater dann: *Wir brauchen Zeit und Kontinuität.* Zeit zum Runterkommen und Eintauchen in die Potenziale der Organisation und Kontinuität bei den Personen, um nicht ständig neu anfangen zu müssen.

Praxis-Tipp Veränderungsprojekte brauchen Zeit, um das kollektive Wissen in Ihrer Organisation anzuzapfen und einen echten Wandel herbeizuführen. Zeit, um Abschied zu nehmen von alten Gewohnheiten. Zeit, Ängste zu besprechen. Zeit, sich zu begegnen und Vertrauen zu gewinnen, dass Sie den neuen Kurs gemeinsam schaffen. Es reicht nicht, wenn die Berater das Vertrauen in Ihre Zukunft haben – Sie selbst müssen es haben!

8.3   Anfänger sein dürfen

Noch etwas habe ich bei meinem Umweg über die Kunst gelernt: Man macht manchmal große Fehler und je entspannter man damit umgeht, desto besser. In Organisationen, wo Qualität an oberster Stelle steht, wird natürlich niemand diese Aussage unterschreiben wollen. Doch ich behaupte, dass Entwicklung ohne Fehler gar nicht möglich ist und kein Unternehmen kann sich in dieser schnelllebigen Welt leisten, sich *nicht* weiterzuentwickeln. Das heißt natürlich nicht, dass Qualitätsmängel in der Produktion oder nachlässiges Verhalten von Mitarbeitern toleriert werden sollten. Doch dort, wo Fehler öfters passieren, gibt es meistens einen Verbesserungsbedarf, den man ohne Fehler nicht erfahren hätte. Wenn z. B. wiederholt Daten falsch im CRM vermerkt sind oder fehlen, könnte es sein, dass die Einschulung zum CRM nicht ausreichend war. Wenn eine Führungskraft immer wieder „vergisst", sich um eine Projekt zu kümmern, dann könnte es sein, dass die Rollen und Verantwortlichkeiten nicht geklärt sind

Wenn Sie wüssten, wie viele Fehler ich beim Malen gemacht habe! Zu Beginn hatte ich das Gefühl, meine Kunst bestehe nur aus Fehlern, die ich auch sehr konsequent wieder beseitigen wollte – von Übermalungen von ganzen Bildern übers Abwaschen von frischen Farbaufträgen bis zum Aufkleben von Papier über vermeintliche Fehler habe ich alles ausprobiert und Sie werden es nicht glauben: Ich habe dabei Malen gelernt!

Denn Fehler sind zu meinen Freunden geworden und mittlerweile bin ich fast geneigt, zu sagen, dass es eigentlich gar keine Fehler gibt. Als Künstler ist es sogar fast eine Pflicht, ab und zu Fehler zu machen und sich immer wieder als Anfänger zu sehen. Regeln der Perspektive? Alles gut und schön – wenn das Bild aber interessanter wirkt, wenn diese Regeln nicht eingehalten werden, dann ist es eben ein fehlerhaftes Bild. Gekauft wird es trotzdem, wenn der Ausdruck den Betrachter fasziniert. Große Erfolge von Künstlern sind oft dann entstanden, wenn sie die gerade angesagte Methode oder den vorherrschenden Stil mit Füßen traten und ganz neue Wege gingen!

Praxis-Tipp Bei Veränderungsprozessen sind fast alle Beteiligten zu Beginn des Projekts Anfänger. Wenn es z. B. darum geht, eine bessere Kommunikationskultur zu entwickeln, gibt es vielleicht schon ein paar Personen, die transparent und klar kommunizieren, achtsames Feedback geben oder Mitarbeiter und Kollegen gut in Entscheidungen einbeziehen. Doch es gibt viele, viele andere, die sich noch nie darüber Gedanken gemacht haben, was es überhaupt heißt, *gut* zu kommunizieren und was es heißt, *in dieser Organisation* gut zu kommunizieren.

Und diese Menschen sind dann Lernende in einem neuen Gebiet und Lernende dürfen Fehler machen! Gerade bei Themen wie Kommunikation oder Führung ist es jedoch meist schwer auszuhalten, als Azubi zu gelten und Fehler sind daher äußerst unangenehm. Wie schade! Sich gemeinsam auf das Abenteuer einer Veränderung einzulassen und miteinander und voneinander zu lernen scheint etwas sehr Menschliches zu sein, doch ich erlebe die Menschen in Organisationen in dieser Hinsicht oft sehr zaghaft. Man will sich nicht verwundbar zeigen, indem man zu-

gibt, die Dinge zum ersten Mal zu machen. Es braucht erst eine Beraterin, die sich hinstellt und sagt: Ich weiß, dass es nicht einfach ist, doch ihr
könnt es und gemeinsam rocken wir die Bude! Wir beginnen klein und
machen ganz konkrete Experimente bis zum nächsten Workshop in einem Monat …

Neben dem Zulassen des Anfänger-Gens ist noch etwas wichtig in Veränderungen: Das VERlernen von Fähigkeiten. Ja, Sie lesen richtig: Solange man eine lieb gewordene Gewohnheit im Schlaf beherrscht, wird
man sie auch wie im Schlaf wiederholen. Das muss man verlernen. Dazu
ein Zitat von Johann Wolfgang von Goethe:

> Und so lang du das nicht hast,
> dieses Stirb und Werde,
> bist du nur ein trüber Gast
> auf der dunklen Erde

Künstler können sich in der Regel bis zur Unkenntlichkeit in Frage
stellen. Wenn Sie sich z. B. frühe Portraits von Pablo Picasso ansehen und
daneben ein späteres, kubistisches, wissen Sie, wovon ich spreche. Doch
wie schaffen Künstler das und was können Menschen in der Wirtschaft
davon lernen? Ich denke, dass Künstler einfach den Mut haben, ab und
zu komplett von vorne zu beginnen. Sie sind Meister darin, sich nicht um
Meinungen und Moden zu scheren und haben oft sogar Lust dazu, ihr
Publikum zu irritieren und aufzurütteln. Kunst hatte in der Geschichte
der Menschheit immer schon eine sehr spezielle Position – oft diente sie
der Dekoration und Reputation, doch immer hatte sie auch die Aufgabe,
zu provozieren, festgefahrene Meinungen aufzubrechen, verbotene Themen in verschlüsselter Form zu transportieren und damit neue Werte in
die Welt zu bringen. Darüber hinaus hat Kunst die Eigenart, sehr echt
und authentisch zu kommunizieren und das kann man sich zunutze machen.

Eine bewährte Methode ist das „Grüne Wiese"-Experiment, wo sich
mehrere Personen zu einem bestimmten Thema austauschen, so als würden sie komplett von vorne anfangen. Vorhandene Rahmenbedingungen
werden am besten ausgeblendet und um besser auf die „Grüne Wiese" zu
kommen, eignen sich kreative Methoden wie Zeichnen am Flipchart

oder Legobauen am besten. Es ist günstig, eine bunt gemischte Gruppe zusammenzustellen, deren Mitglieder Lust auf ein Gedankenexperiment haben und aus verschiedenen Bereichen der Organisation kommen. Die Übung kann einzeln oder in Kleingruppen erfolgen und im Anschluss werden die Ergebnisse zusammengeführt und auf mögliche Potenziale für die Weiterentwicklung der Organisation untersucht.

Beispiel: „Grüne Wiese" Methode

Einige Jahre war ich im Partnerteam einer Beraterfirma und in einer Klausur verwendeten wir die Grüne Wiese-Methode, um mögliche Modernisierungsansätze für die Organisation zu finden. In diesem Fall gestaltete jeder Partner einzeln ein Flipchart zu folgenden Fragen:

Angenommen, wir würden *heute* dieses Unternehmen gemeinsam neu gründen – wie würde es aussehen? Welchen Namen hätte es, welches Geschäftsmodell, welche Struktur, welche Kunden und andere Stakeholder? Welche Mitarbeiter, Preise und welchen USP? Was würden wir weglassen, was komplett neu gestalten? usw.

Schon die Designs der Flipcharts sprachen Bände und waren sehr unterschiedlich von übersichtlichen Listen bis zu einem bunten Durcheinander und insgesamt war viel Inspirierendes und auch Überraschendes zu lesen wie z. B. die Gestaltung einer rein virtuellen Beraterfirma. Der nächste Schritt war, dass jeder Partner je 1–2 Aspekte auf den Flipcharts der anderen Teilnehmer markierte, die ihm besonders attraktiv erschienen – jedoch immer noch unabhängig davon, ob sie umsetzbar waren oder nicht! Danach folgte ein Galerierundgang, wo wir alle noch einmal in Ruhe die Ideen wirken ließen, die auf den Flipcharts standen. Gemeinsam suchten wir anschließend rote Fäden und filterten auf einer separaten Pinnwand jene Vorschläge, auf die wir einerseits die größte Lust verspürten und die andererseits den größten Hebel für die Zukunft der Firma hatten. Daraus leiteten wir strategischen Maßnahmen und schließlich auch konkrete Aktivitäten ab.

Fazit war für uns: Es ist eine exzellente Übung, um neue Potenziale zu erkennen, Landkarten abzugleichen und gedankliche Schranken abzulegen. Gleichzeitig können auf der Grünen Wiese allerdings auch unterschiedliche Grundwerte und Vorstellungen von der Zukunft zu Tage treten, für deren Diskussion man sich ausreichend Zeit nehmen sollte!

Übungen dieser Art eignen sich zu einem Zeitpunkt, wo Sie das Gefühl haben, dass Sie frischen Wind in einem Veränderungsprojekt brauchen und der neue Weg vielleicht noch eine Kurskorrektur braucht. Wie bereits zu Beginn des Buches erwähnt ist die Reihenfolge, in denen ich die verschiedenen Phasen des Veränderungszyklus hier beschreibe, aber nicht in Stein gemeißelt. Sie können z. B. gleich zu Beginn eines Projekts einen Grünen-Wiese-Ansatz wählen oder auch zwischendurch immer wieder zum Querdenken anregen mit Fragen wie: Was müssten wir jetzt tun, um das Projekt zum Scheitern zu bringen? Sie werden staunen, welche interessanten Antworten Sie auf solche Fragen bekommen und wie gut man im Anschluss auf die Kehrseite gehen und proaktive Maßnahmen ableiten kann.

Auch wenn ich ein Fan von wiederkehrendem Reflektieren und Querdenken bin, sollten Sie es nicht übertreiben! Denn irgendwann sollte ein Veränderungsprozess richtig Fahrt aufnehmen, sich verselbstständigen, Menschen einander anstecken mit den neuen Verhaltensweisen und die Masse der Belegschaft langsam in Bewegung kommen.

Fazit: Die geraden Wege sind nicht immer die besten
Wenn Sie gerade das Gefühl haben, am sogenannten „Holzweg" zu sein, dann hilft folgende Betrachtungsweise:

- Querdenken und schräge Experimente sind manchmal die Quelle von großen Innovationen oder Veränderungen.
- Das größte Gut in Veränderungsprozessen ist das Vertrauen, dass es nachher besser ist als vorher. Erinnern Sie sich an frühere Erlebnisse, wo Sie das erfahren haben.
- In Veränderungen werden wir alle immer wieder zu Anfängern und müssen etwas Neues lernen oder Altes verlernen.

9

Die Masse bewegt sich

Zusammenfassung Nachdem ein Veränderungsprojekt in Schwung gekommen ist und erste Erfolge verzeichnet werden können, ist die große Frage, wie die neuen Verhaltens- und Denkweisen auf die kritische Masse der Belegschaft überspringen und auf die ganze Organisation ausgerollt werden können. Nicht selten gibt es hier von Führungskräften zögerliches Vorgehen, weil große Veränderungen auch eine enorme Macht haben. Neben einem klaren Fokus vom Top-Management helfen gute Kommunikation und v.a. Antworten auf die Frage, wofür die Veränderung überhaupt gut ist, möglichst viele Leute in Bewegung zu setzen. Jeder Mitarbeiter braucht einen Grund, um sich aus alten Gewohnheiten zu befreien und zu neuen Ufern aufzubrechen. Im Idealfall stecken einander die Leute gegenseitig mit dem „Virus des Neuen" an und bilden selbstständig einen Sog in eine bessere Zukunft.

© Der/die Herausgeber bzw. der/die Autor(en), exklusiv lizenziert durch Springer-Verlag GmbH, DE, ein Teil von Springer Nature 2020
M. M. Meiler, *Emotionales Change Management*,
https://doi.org/10.1007/978-3-662-62211-7_9

2018

Ein paar Augenblicke war es völlig still in der riesigen Sporthalle. Die 800 Teilnehmer und Teilnehmerinnen der Großveranstaltung im Rahmen eines Veränderungsprojektes in einem Pharma-Unternehmen hatten eben einen kurzen Film über Patienten gesehen, die über die Unterschiede ihrer Lebensqualität vor und nach der Behandlung mit einem der Medikamente des Unternehmens erzählten. Es glich in allen Fällen einer Auferstehung – weg von einem Dahinvegetieren hin zu einem normalen und freudvollen Alltag und in einem Fall sogar wieder mit der Möglichkeit, wandern zu gehen.

Der Film war sehr berührend – so berührend, dass sogar ich als Unbeteiligte beim ersten Ansehen Tränen in den Augen hatte. Obwohl, ganz unbeteiligt war ich natürlich nicht. Ich begleitete dieses Unternehmen bereits das zweite Jahr in Richtung „Zukunftsfähigkeit" der Organisation und moderierte nun gemeinsam mit meinem Kollegen diese Großveranstaltung. Als ich in diesem Moment die Bühne betrat, hatte ich die vielen Diskussionen vor Augen, die in den vielen Workshops der letzten beiden Jahre über die Identität am Standort geführt wurden. Und in diesem Augenblick sah ich in 800 Gesichter, die spätestens jetzt verinnerlicht hatten, was ihre Arbeit hier an diesem Standort ausmacht. Die Masse war mobilisiert!

Und auch bei mir selbst war nach meinem Ausflug in die Kunst ein neues Selbstverständnis als internationale Organisationsberaterin und Sparring Partner für Change entstanden. Bald nach Fertigstellung des großen Auftragswerks aus dem vorigen Kapitel lockte mich erneut der Ruf nach der Begleitung von Menschen in Organisationen und ein Jahr später arbeitete ich bereits mit einer internationalen Beraterfirma zusammen. Die Projekte waren und sind ganz nach meinem Geschmack – sehr anspruchsvoll und sehr wirksam für den Erfolg der Organisation, wenn die Veränderung gelingt! Und jedes Mal ein Abenteuer, wo alle Phasen, die ich in diesem Buch beschrieben habe, mehr oder weniger intensiv vorkommen – manchmal tatsächlich in dieser Reihenfolge, manchmal völlig durcheinander oder unvollständig.

Es ist wunderbar, in einer Organisation eine Welle des Neuen aufzubauen, die sich dann verselbstständigt und größer wird, bis die Menschen das Neue verinnerlicht haben und uns nicht mehr brauchen …

Eine Welle beginnt ganz klein, wächst langsam an und bricht irgendwann mit großem Getöse an den Klippen. Veränderung beginnt im Kopf vielleicht nur einer Person, dann spricht sie darüber zu anderen, dann verändert sie ihr Verhalten. Durch das Vorbild verändern mehrere Personen ihr Verhalten, die wiederum darüber sprechen und andere anstecken … und schon ist die Welle da! Klingt einfach, nicht wahr? Meist dauert es allerdings eine Weile, bis die kritische Masse sich an eine neue Verhaltensweise oder eine neue Struktur gewöhnt hat und die Mehrheit in eine neue Richtung geht. In vielen Fällen gibt es ähnlich wie bei Diäten auch einen Jojo-Effekt – kaum hat sich eine neue Verhaltensweise wie z. B. mehr Zusammenarbeit zwischen den verschiedenen Funktionen verbreitet, gibt es harte Rückschläge, indem z. B. der Leiter des einen Bereichs einen Alleingang startet und sich *nicht* mit dem Leiter des nachgelagerten Bereichs abstimmt. Doch das ist normal. Die Masse tastet sich eben langsam an eine neue Gewohnheit heran und den Pionieren in der Veränderung obliegt es dann, wirklich hartnäckig am Neuen festzuhalten und es nachhaltig vorzuleben.

John Kotter beschreibt dieses Phänomen, dass große Gruppen in scheinbar sicheren Rahmenbedingungen nur sehr langsam an große Veränderungen herangeführt werden können, sehr anschaulich in seinem Buch „Das Pinguin-Prinzip" (2006). In dieser Geschichte muss eine Pinguin-Kolonie sich nach einem neuen Lebensraum umsehen, weil der Eisberg, auf dem sie lebt, langsam und beständig schmilzt. Mit viel Humor und Charme zeichnet er wichtige Charaktere in einem Change-Projekt und erzählt von den vielen Zweifeln, Rückschlägen und schließlich von der gemeinsamen Anstrengung, die die Pinguine auf dem Weg in ihr neues Zuhause bewältigen. Louis, der weise Großvater im Team, bekommt schließlich die Aufgabe, immer wieder von der geschafften Veränderung zu erzählen, damit auch die nachkommenden Pinguine die positive Haltung gegenüber Neuem übernehmen und erfahren, was alles möglich ist.

» Eine Welle hat Macht und deshalb ist es manchmal auch gut, dass sie nicht sofort überschwappt, sondern sich langsam aufbaut und die Menschen sich behutsam an das Neue gewöhnen.

Erst kürzlich sagte der oberste Manager einer österreichischen Organisation nach der Angebotspräsentation zu mir: Danke, durch Ihre Ausführungen ist mir klar geworden, wie mächtig so ein Veränderungsprojekt ist. Wir werden uns gut überlegen, ob und wann wir das Projekt starten. Auch wenn die Wahrscheinlichkeit für dieses Projekt derzeit nicht besonders groß ist, könnten wir sicher sein, dass im Falle einer Zusage volles Commitment vorhanden wäre und Respekt für die geplanten Interventionen. Wenn die Welle der Veränderung bricht, soll sie nämlich nicht über dem Top-Management zusammenbrechen, sondern dieses soll eher auf der Welle surfen. Das bedeutet, dass sich die Veränderung in eine Richtung entwickelt, die die Anliegen der Geschäftsleitung unterstützt.

9.1 Die Macht der Menge

Sehr oft geht es in Veränderungsprojekten vordergründig um Effizienz, Neuausrichtung, strukturelle Anpassungen, Zusammenschlüsse oder Zukunftsfähigkeit. Die kulturelle Qualität, die in vielen Fällen erreicht werden soll, ist oft die gleiche: Gemeinsam in eine neue Zukunft aufbrechen, Verständnis bei der Belegschaft für einen neuen Weg erzeugen, einander zuhören und unterstützen, ein Team werden und schließlich auch: den Sinn hinter den Unternehmenszielen verstehen und wieder Freude an der Arbeit haben. Letzten Endes geht es darum, die Masse zu aktivieren, Gemeinschaft zu erleben und Großes zu bewegen.

Doch häufig fehlt Klarheit in den Organisationen. Durch ein Veränderungsprojekt ist das Management gezwungen, zu fokussieren und sich zu überlegen, wo es tatsächlich mit der Organisation hingehen soll. Das allein ist schon ein Mehrwert für die Organisation und die Menschen darin. Klarheit ist ein wertvoller Beitrag zur „Welle" – sie kann sich nur aufbauen, wenn sich alle Wasser-Tropfen in die gleiche Richtung bewegen. So wie Wellen durch einen anhaltenden Wind aus einer Richtung bewegt werden, sollte auch in Organisationen ein konsequenter Kurs eingehalten werden. Dabei ist mir völlig klar, dass dies als Widerspruch zu meinen Ausführungen im letzten Kapitel verstanden werden kann. Klare Richtung und dennoch ständig hinterfragen, ob der Kurs noch passt –

wie soll das gehen? Tja, ich fürchte das ist eine der größten Herausforderungen für die Führungskräfte in der heutigen Zeit!

Praxis-Tipp Klar und strategisch vorangehen und dennoch immer einen Blick am Radar haben, ob sich die Rahmenbedingungen verändern und man den Kurs nachbessern muss. Wie bei Vielem ist auch hier das richtige Maß entscheidend und dass man die Mitarbeiter nur dann informiert, wenn tatsächlich eine Kurskorrektur nötig ist.

Beispiel: Unklare Richtung

In einem Projekt lieferte uns die Mitarbeiterin eines Tourismus-Unternehmens in einem Interview für die Situationsanalyse ein tolles Bild dazu, was es heißt, wenn die Welle *noch nicht* fließt: „Bei uns ist es so – die Chefin sagt: Los, auf den Gipfel! Doch in Österreich gibt es viele Gipfel ... so laufen wir los, finden uns grüppchenweise auf den unterschiedlichsten Gipfeln wieder und wundern uns, wo die anderen sind. Manche warten auch im Tal und chillen noch ein bisschen, andere packen zumindest ihren Rucksack ...“

In diesem Fall war die Klarheit wohl noch ein wenig zu gering ausgeprägt. Immer wieder frage ich mich in Veränderungsprojekten, warum es Führungskräften so schwerfällt, Position zu beziehen und eine eindeutige Richtung vorzugeben, damit eben diese Welle sich aufbauen kann. Meine Vermutung dazu ist, dass sie Angst vor der Macht haben. Entscheidung ist Macht und in unserer Kultur hat Macht immer etwas Anstößiges an sich. Es scheint tief in uns einprogrammiert zu sein, dass man mit Macht vorsichtig umgehen sollte, weil wir einfach zu viele Beispiele auf dieser Welt sehen, wie sie missbraucht wird. Auch wenn diese Vorsicht durchaus berechtigt ist, kann es schwerwiegende Folgen haben, sich die Macht *nicht* zu nehmen – das Projekt wird nämlich im Sand verlaufen! Widersprüchliche Ansagen, schlappe Meinungsäußerungen und Mitschwimmen im Fluss der Gewohnheiten werden keine Berge in Bewegung versetzen und auch keine Wellen erzeugen!

» Für große Veränderungen brauchen wir die Macht der Entscheidung und die Macht der Menge.

Ich kenne es von mir selbst – wenn ich mich einmal für etwas entschieden habe, dann geht die Post ab! Deswegen bin ich mittlerweile sehr achtsam, wenn es darum geht, *wofür* ich mich entscheide. Seit Jahren sage ich, dass ich einmal ein Buch schreiben werde und habe es nicht getan, weil andere Projekte mir wichtiger waren. Vor ein paar Monaten habe ich mich dazu entschieden und plötzlich habe ich trotz intensiver Arbeitszeiten und privater Verpflichtungen Zeit dafür und tue es einfach. Entscheidung wirkt, das habe ich an früherer Stelle bereits erwähnt. Ein Grund dafür, dass Entscheidungen oft schwerfallen, ist unsere Angst davor, dass sie tatsächlich große Auswirkungen haben könnten. Ich borge mir dazu einen Text von Marianne Williamson, der auch von Nelson Mandela in seiner Antrittsrede verwendet wurde:

In unserem Innern fürchten wir uns nicht vor unserer Unzulänglichkeit. Wir fürchten uns davor, dass unser Potenzial alle Grenzen sprengt. Unser Licht, nicht unsere Dunkelheit, ist, was uns am meisten Angst macht.

Lesen Sie das noch einmal und lassen Sie es wirken. Denken Sie an eine Entscheidung, die Sie fällen sollten – im beruflichen Alltag oder auch privat. Was, wenn es wirklich funktioniert? Was, wenn der Vorschlag für ein neues Geschäftsmodell tatsächlich den Durchbruch fürs Unternehmen bedeutet? Was, wenn die neue Vision, die Sie seit Monaten in Ihrem Kopf drehen, wirklich jene ist, die die Menschen in der Organisation bewegt und zu neuen Höhenflügen führt? Was, wenn Sie sich entscheiden, sich ab heute als Vorbild für die neue Führungskultur durch den Alltag zu bewegen und den Mitarbeitern mehr Spielraum lassen? Es könnte funktionieren und es wird funktionieren, wenn Sie es wollen. Und wenn die Mitarbeiter einen Grund bekommen, warum sie mitmachen sollen …

9.2   What's in for me?

Ein lieber Kollege von mir liebt Matrizen, die Themen zweidimensional darstellen. Eine davon ist die Matrix mit den Dimensionen Verständnis für die Veränderung (What for?) und Nutzen der Veränderung (What's in for me?), die Sie in Abb. 9.1 sehen.

Menschen werden sich *dann* in eine neue Richtung bewegen, wenn sie auf beiden Dimensionen ausreichend Antworten für sich gefunden haben und damit sowohl Kopf als auch Herz angesprochen werden. Aha! Solange die Mitarbeiter entweder gar nicht verstanden haben, wozu die geplanten Änderungen gut sind oder nicht erkennen können, was ihnen das bringt – oder gar beides – werden sie nicht richtig mitziehen. Vielleicht machen sie mit, weil es der Chef sagt, aber sicher nicht mit Begeisterung und Kraft.

What for? Damit sind wir wohl bei der sogenannten Gretchenfrage jeder Veränderung angekommen. So wie Margarete („Gretchen") Faust in Johann Wolfang von Goethes Werk *Faust I* mit ihrer Frage nach seiner Religion auf den Zahn fühlt, so taucht auch in Change-Projekten immer die unangenehme Frage nach dem „Wozu eigentlich?" auf. Entweder bei

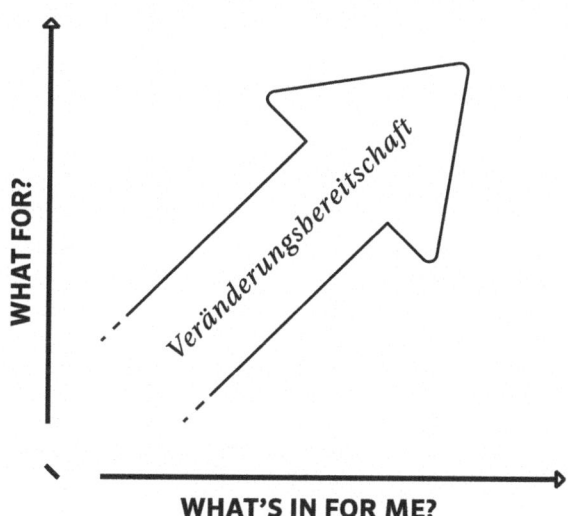

Abb. 9.1 Matrix für Veränderungsbereitschaft

den Mitarbeitern oder manchmal auch bei den Auftraggebern selbst. Zum Beispiel, wenn es zu langsam geht, zu viel Widerstand entsteht oder auch, wenn das Management selbst merkt, dass es die Frage nach dem „Wozu?" nicht ausreichend beantworten, geschweige denn kommunizieren kann.

Wozu eine agile Organisationsform einführen? „Weil es modern ist!" wird den Mitarbeitern nicht reichen als Antwort. Vielmehr könnte man stattdessen eine Geschichte erzählen: „Der Markt wird immer schneller und fordernder. Wir wollen lernen, rascher zu reagieren und selbst aktiv den Markt mit zu gestalten. Das geht in herkömmlichen Hierarchien mit langen Abstimmungswegen viel langsamer als in kleinen flexiblen und interdisziplinären Teams. Agile Organisationsformen haben Lösungen dafür und wir wollen uns gemeinsam mit euch ansehen, ob das für uns taugt …" Schon besser, oder?

Und was bringt das den Mitarbeitern – What's in for me? Zunächst einmal: Mehr Arbeit! Das ist leider eine ständige Herausforderung in Change-Projekten: Dass die Mitarbeiter den Eindruck bekommen, sie sollen die neuen Themen on top, also zusätzlich zur Alltagsarbeit lernen und erarbeiten. Und um ehrlich zu sein, ist es auch so. Nachhaltige Veränderung entsteht immer langsam und eigentlich ist es unmöglich, von heute auf morgen mit dem „Alten" aufzuhören und mit dem „Neuen" auf Knopfdruck zu starten. Oft weiß man nämlich noch gar nicht, was das „Neue" ist und muss es auf dem Weg erst entdecken. Gerade agile Organisationsformen sind da ein gutes Exempel:

Beispiel: Umstieg von hierarchischen auf agile Strukturen

Für das Journal einer Beraterfirma interviewte ich einige Manager, die bereits Erfahrung mit agilen Strukturen haben und die Meinung war unisono, dass man schrittweise umstellen sollte. Denn wenn man die gewohnte Hierarchie einfach abstellt und gar nicht mehr führt, dann entsteht Chaos. Andererseits entwickeln sich in manchen Firmen bereits „im Untergrund" selbstorganisierende Gruppen, die sich dann mit der offiziellen Hierarchie in die Quere kommen. Am besten ist es, wenn sich eine neue Art der Steuerung schrittweise herausbilden kann und die Mitarbeiter langsam an eigenverantwortlicheres Arbeiten gewöhnt werden.

Häufige Meetings und Workshops, Arbeitsgruppen, Konfrontation mit Widerstand, ungewohnte Konstellationen der Zusammenarbeit usw. – all dies kostet Zeit. Und wir haben immer noch nicht die Antwort auf die Frage, was es den Mitarbeitern bringt! Auf diese Frage gibt es vermutlich so viele Antworten wie es Mitarbeiter gibt.

Praxis-Tipp Jeder Mensch ist mit unterschiedlichen Themen zu motivieren. Während es für den einen Weiterentwicklung ist, ist es für eine andere Spaß in einem bunten Team und für den dritten vielleicht Job-Sicherheit. Der gemeinsame Nenner ist, dass es ein emotionaler Grund sein muss, der die Menschen motiviert, neue Wege zu gehen. Denn der Kopf produziert weit weniger Veränderungsenergie als das Herz!

Was braucht also das Herz? Das Herz braucht entweder ausreichend Betroffenheit, um einen negativen Zustand mitzutragen und zu beseitigen oder ausreichend Begeisterung für einen Zielzustand, der attraktiv genug ist, um sich anzustrengen.

>> Es gibt nur diese beiden Gründe für Veränderung: Weg von etwas oder hin zu etwas. Mindestens eines dieser beiden Motive müssen ausreichend Menschen in einer Organisation spüren, um ihr Verhalten zu verändern.

Ein gutes Beispiel dafür ist die Covid-19-Pandemie im Jahr 2020. Die Betroffenheit der Bevölkerung über die gefühlt relativ hohe Todesrate der Krankheit war ausreichend Grund für die Menschen, sich bei aller Freiheitsliebe an sehr strikte Maßnahmen wie Ausgehverbote oder das Tragen von Masken gegen die rasche Verbreitung des Virus zu halten. Das *weg von* etwas Motiv war hier so stark, dass jeder sofort mitgemacht hat. Mich persönlich hat zusätzlich zum gewünschten Schutz meiner Liebsten die Aussicht auf rasche Wiederaufnahme meiner geliebten Change-Projekte angespornt, bei der eingeschränkten Lebensweise mitzumachen. Das war das *hin zu* Motiv.

Nun sind Situationen in Firmen gottseidank nicht mit einer Pandemie vergleichbar. Dennoch gilt auch hier, dass in Krisen das Herz oft sehr bereit ist, außergewöhnliche Leistungen zu erbringen und Vorurteile und Gewohnheiten zu verändern – denn was gibt es noch zu verlieren? Wenn es durch neue Mitbewerber zu Umsatzeinbrüchen kommt, wird jeder Mitarbeiter Betroffenheit spüren, weil er Angst um seinen Job hat. Wenn die Qualität in der Produktion so schlecht ist, dass Produkte am Markt gesperrt werden, ist die Betroffenheit sicher ebenso rasch da. Doch wie sieht es mit Veränderung in guten Zeiten aus, wo es darum geht, die Organisation rechtzeitig und vorausschauend zukunftsfit zu machen, sodass Krisen eben nicht so rasch passieren können? Was bringt das Herz dann in die Gänge? Ich glaube, es ist der Gestaltungswille der Menschen.

»Menschen wollen grundsätzlich etwas bewegen und können sich verändern.

Diese Überzeugung ist in meinen Projekten etwas sehr Nützliches und wäre auch für viele Führungskräfte eine hilfreiche Einstellung. Manchmal blutet mir das Herz, wenn ich Manager über ihre Leute sprechen höre. „Wenn man ihnen nicht alles vorkaut, machen sie gar nichts." „Die wollen aus ihrer Komfortzone nicht heraus." „Die verstehen es einfach nicht, da mach ich es lieber gleich selbst" usw. Pauschale Aussagen, die meist auf der Tatsache beruhen, dass die Führungskräfte sich noch nie die Mühe gemacht haben, interessiert nachzufragen, aus welchem Grund die Mitarbeitenden von sich aus keine Vorschläge machen und was sie denn brauchen würden, um eigenverantwortlicher zu arbeiten. Übrigens kommt es nicht selten vor, dass die Antwort auf diese Frage ist, dass sich der Chef sowieso überall einmischt und einem der Spaß an Verbesserungsvorschlägen schlicht und einfach vergeht.

Wenn man Menschen aufrichtig die Möglichkeit gibt, sich für die Zukunft der Organisation zu engagieren und Potenziale zu heben, kann man wahre Wunder erleben. Wenn es zusätzlich eine motivierende Vision gibt, wird die Zugkraft noch verstärkt! So passiert es mitunter, dass die in Change-Projekten etablierten Kernteams (die ich bereits im Kap. 5 beschrieben habe) so gut und innovativ zusammenarbeiten, dass sie nach einiger Zeit vom Leitungsteam als Konkurrenz wahrgenommen werden. Die Kernteams sind in der Regel getragen von einem wertschätzenden Miteinander und dem unerschütterlichen Glauben, dass eine positive Entwicklung möglich ist.

9.3   Der Virus des Neuen

Um noch einmal die Geschichte mit dem Virus aufzunehmen: Im Prinzip geht es in Veränderungsprozessen darum, den „Virus des Neuen" in der ganzen Belegschaft zu verbreiten. Und da kann man sich eine universelle Eigenschaft der Menschen zunutze machen: die Neugier! Reden Sie einfach überall, wo Sie hinkommen, scheinbar beiläufig über das Veränderungsziel und wieviel Spaß es macht, erste Erfolge in die neue Richtung zu machen. Menschen sind neugierig auf Neues – manche eher deshalb, um es möglichst rasch wieder zum Verschwinden zu bringen, denn Neues ist tendenziell anstrengend. Andere aber deshalb, weil sie

---

Beispiel: Multiplikatorwirkung

In einem Projekt bei einem Automobil-Hersteller begleitete ich mit einem Kollegen das Leitungsteam für den Anlauf eines neuen Fahrzeug-Typs. Sie hatten im Alltag immer wieder mit Konflikten zu kämpfen und wollten sich auf die „heiße Zeit" des Produktionsanlaufs mit all den noch nicht vorhersehbaren Anfangsschwierigkeiten vorbereiten. Nach einigen Interviews und zwei teils spannungsgeladenen Workshops passierte in dem Team eine Kehrtwende: Scheinbar zum ersten Mal hatten sich alle Beteiligten die Mühe gemacht, die Bedürfnisse und Sichtweisen der anderen Partei zu verstehen und dies ermöglichte die Bereitschaft, gemeinsam an einem Strang zu ziehen. Eine neue Haltung und neue Qualität der Zusammenarbeit machte sich spürbar breit. Im dritten Workshop warfen die Leitungsteam-Mitglieder die Frage auf, wie sie diese Haltung nun in die Belegschaft bringen könnten – denn im Grunde waren es die Mitarbeiter in den Werkshallen und an den Produktionsstraßen, die perfekte Autos in ausreichender Stückzahl fertigen sollen.

Schnell war die Idee für eine Großveranstaltung für alle Führungskräfte und Teamleiter geboren und die wichtigsten Kernbotschaften festgelegt. Nach gemeinsamer Vorbereitung wurde das Event durch die interne Abteilung für Organisationsentwicklung umgesetzt. Bei diesem Event erzählte das Leitungsteam auf der Bühne von ihren Lernerfahrungen aus dem bisherigen Prozess und zwar in sehr authentischer und unterhaltsamer Form.

Das Verständnis für die notwendige Zusammenarbeit wuchs durch dieses Event enorm und da das Leitungsteam sichtbar auch Spaß miteinander und Respekt untereinander hatte, wurde es auch für die anwesenden Führungskräfte attraktiv, ihren Teil beizutragen. Dass das Leitungsteam sich im Alltag nun laufend bemühte, vorbildlich zu agieren, versteht sich von selbst. Unterschiedliche Meinungen wurden so gut es ging (niemand ist perfekt!) auf den Tisch gelegt und ausgeredet und abschätzige Bemerkungen über „die anderen" unterlassen. Die Multiplikatorwirkung funktionierte und einige Monate später erfuhren wir, dass es noch nie einen derart reibungslosen Anlauf an diesem Standort gegeben hatte.

vielleicht aus dem gleichen Grund wie Sie unzufrieden mit einer Situation sind und bereits auf eine Möglichkeit warten, aus der Situation auszubrechen! Warum Ihre Kollegen zuhören, ist in einem ersten Schritt egal, wichtig ist, *dass* sie zuhören und idealerweise wiederholt.

» Kommunikation wirkt – je authentischer und häufiger, desto besser.

Zusätzlich kann man die Multiplikatorwirkung nutzen, d. h. man kommuniziert v.a. mit jenen Personen im Unternehmen, die selbst einen großen Wirkungsgrad haben, z. B. weil sie sehr beliebt sind, viel Vertrauen genießen, sogenannte Opinion Leader sind oder schlicht und einfach in jeder Raucherpause die aktuellen News verbreiten. Die besten Werbeträger für die Veränderung sind in jedem Fall die Initiatoren selbst sowie weitere Pioniere für das Neue in der Organisation. Es sind jene, die als erstes etwas ausprobieren, als erste kleine Erfolgserlebnisse haben und als erste auf die Schnauze fliegen. Sie sind Vorbilder, Vorreiter und Ihre Multiplikatoren. Denn sie können den Menschen die Angst vor der Veränderung nehmen und sie begeistern für einen neuen Weg, weil sie ihn schon ein Stück weit erkundet haben. Das, was in Veränderungsprozessen nämlich am meisten Angst macht, ist das Nicht-Wissen, wie es auf dem neuen Weg aussieht! Wenn die Pioniere von ersten Erfahrungen erzählen, beginnen die Mitarbeiter daran zu glauben, dass man von einem lange verfolgten Kurs ein klein wenig abweichen darf und soll.

Um die Masse in Bewegung zu setzen, ist Kommunikation also eines der wichtigsten Güter. Reden Sie darüber, was nach der Veränderung besser sein wird, was Ihre eigenen Motive für die Veränderung sind und hören Sie ganz viel zu, was die Menschen bewegt. Je besser Sie verstehen, was in den Menschen vorgeht, desto besser können Sie erklären, wofür die Veränderung gut ist und was sie jedem einzelnen für Vorteile bringen kann. Kommunikation ist allerdings in jedem Stadium der Veränderung ein Thema, daher können Sie im nächsten Kapitel noch mehr dazu lesen.

Fazit: Die Masse bewegt sich
Um die ganze Belegschaft in eine neue Richtung zu bewegen, hilft Folgendes:

- Sich trauen, Entscheidungen zu fällen und eine klare Richtung für die Zukunft vorzugeben und dann konsequent dranbleiben.
- Klar kommunizieren, was der Zweck der Veränderung ist und dann das „Herz" der Belegschaft gewinnen durch einen emotionalen Grund, in die neue Richtung zu gehen.
- Veränderung ist ansteckend, man kann sich die Neugier der Menschen und gezielt auch die Multiplikatorwirkung durch Schlüsselpersonen zunutze macht.

10

Und dann geht alles von vorne los

Zusammenfassung In diesem Kapitel werden drei Themen beleuchtet, die unabhängig von der jeweiligen Phase im Veränderungszyklus immer wieder relevant sind. Da ist zunächst die Einstellung zu einem Veränderungsprozess, die proaktiv und positiv sein sollte, um Möglichkeiten wahrzunehmen anstatt Hindernisse zu hypnotisieren. Zudem ist die Kommunikation ein absoluter Schlüsselfaktor in allen Change-Projekten, die möglichst transparent, unmittelbar und persönlich erfolgen soll. Und schließlich gelingt Veränderung mit einer Portion Humor und feiner Ironie immer besser, als wenn man krampfhaft und todernst an die Sache herangeht. Denn eigentlich soll Change ja Spaß machen und etwas verbessern und im Idealfall wird Veränderung zu einer angenehmen Wegbegleiterin im täglichen Leben.

ZEITLOS

Die Nacht hatte ich an einem schönen Platz mitten in einem hohen Wald mit Blick auf den gegenüberliegenden Hügel verbracht. Am Vorabend hatte ich zum ersten Mal in meinem Leben den Sonnenuntergang bewusst bis zur völligen Nachschwärze verfolgt. Und nun wartete ich auf die Dämmerung …

© Der/die Herausgeber bzw. der/die Autor(en), exklusiv lizenziert durch Springer-Verlag GmbH, DE, ein Teil von Springer Nature 2020
M. M. Meiler, *Emotionales Change Management*,
https://doi.org/10.1007/978-3-662-62211-7_10

„Es beginnt mit einer Ahnung in der dunklen Stille. Die Nacht ist nicht mehr ganz schwarz, langsam zeichnen sich Hügel und Formen in sanftem grau, dunklem grün vor einem samtigem blau ab. Plötzlich raschelt es, ein paar Zweige knacken, ein unsichtbares Tier nähert sich. Ein Kauz ruft durch den Wald. Wie ein Feuerschein hinterm Berg hebt sich das Licht und weckt die Farben und den Lebenskreislauf. Eine Blume öffnet ihre Blüten, eine andere verblüht. Der Himmel fließt über vor rosarot und lila bevor er in sattes blitzblau wechselt. Eine Ameise krabbelt über meinen Arm. Es riecht nach Waldboden und Pilzen. Dann die ersten Sonnenstrahlen – warm und voller Energie. Die Nacht ist vorbei und ein neuer Tag beginnt." (Auszug aus einem Text, der unmittelbar nach dieser Nacht entstanden ist)

Ich war völlig fasziniert von diesem Schauspiel. Es hat sich ebenso wie die Geburten meiner Kinder tief in mein Körpergedächtnis eingespeichert. Die Übernachtung im Wald war Teil einer Visionssuche in der Natur, die ich vor einigen Jahren unternahm. Ich dachte vorher, dass ich allein im Wald schreckliche Angst haben würde. Doch was fand ich stattdessen? Geborgenheit, Schönheit und Ruhe. Die Natur hat alles und kann alles, was wir brauchen. WIR können alles, was wir brauchen, wenn wir zu uns selbst zurückkehren. Das war eine Erkenntnis in diesen drei Tagen, die mich immer noch trägt.

Manchmal vergesse ich sie und hetze irgendwelchen Zielen hinterher, doch das Gute ist: Ich brauche nur vor die Tür gehen und die Natur bewusst beobachten: zu jeder Tages- und Jahreszeit kann man sehen, wie Veränderung einerseits natürlich passiert und andererseits wie anpassungsfähig die Wesen in der Natur sind. Ein Baum umwächst einen alten Wegweiser fast bis zur Unkenntlichkeit, ein Ameisenstaat sucht sich einen neuen Aufenthaltsort, wenn der Haufen zu groß zu werden droht, eine Blume verblüht, wenn es Zeit ist und die neue Knospe wartet bereits nebenan …

Es geht wieder von vorne los … damit ist natürlich nicht gemeint, dass Sie unfähig sind und die gleiche Veränderung noch einmal durchmachen müssen, sondern Sie starten direkt von einer Veränderung in die Dämmerung der nächsten. Jetzt denken Sie vielleicht: Muss das sein? Meine Antwort können Sie sich sicher vorstellen: Ja! Und zwar deshalb, weil es immer besser wird!

>> Ich gehe davon aus, dass jeder Mensch grundsätzlich den Wunsch hat, sein Leben, seine Beziehungen, seine Arbeit, sein Bankkonto usw. optimal zu entwickeln.

Jene, die diesen lebenslangen Job annehmen und immer wieder aus ihrer Komfortzone ausbrechen und Neues wagen, werden reich dafür belohnt und erleben einen deutlichen Zuwachs an Lebens- und Arbeitsqualität. Jene, die gerne eine ruhige Kugel schieben (sorry, immer diese Wienerischen Ausdrücke!), werden auf der Stelle treten und sich beklagen.

Natürlich, manchmal habe auch ich das Gefühl, in einer Dauerschleife zu hängen und erkenne schon von Weitem, wenn der nächste Veränderungszyklus ansteht. Dann würde ich mich manchmal gerne verstecken und sagen: „Herr, lass den Kelch an mir vorüberziehen!" Doch bin ich weder Jesus noch hat dieser den Kelch vorüberziehen lassen. Und was hätte ich auch davon? Aufgaben, die einem das Leben stellt, sollte man zeitgerecht annehmen, sonst kommen sie immer wieder in unterschiedlichen Verkleidungen. Sollten Sie in irgendeinem Bereich also das Gefühl haben, immer wieder dieselben, unangenehmen Erlebnisse zu haben, gibt es etwas zu verändern. Dies gilt für wiederkehrende Muster in Beziehungen, im Beruf und natürlich auch für alle Arten von Lastern, denen Sie unreflektiert frönen. Entscheidend für das Gelingen einer Veränderung ist dabei immer die Haltung, in der Sie herangehen.

10.1   Die Haltung entscheidet

Wenn Sie Haltung A auf Abb. 10.1 einnehmen mit der Überzeugung, dass Rahmenbedingungen grundsätzlich schwierig und nicht oder nur sehr schwer veränderbar sind, dann sind Sie im Akzeptanz-Modus. Sie akzeptieren zum Beispiel, dass Ihnen eine andere Person vorschreibt, was Sie zu tun oder zu lassen haben (damit es *wem* besser geht – Ihnen oder der anderen Person?). Oder Sie akzeptieren, dass ein Projekt nicht möglich ist (denn so etwas hat es noch nie gegeben). Oder vielleicht akzeptieren Sie sogar Lebensumstände wie ständigen Streit mit Ihrem Partner

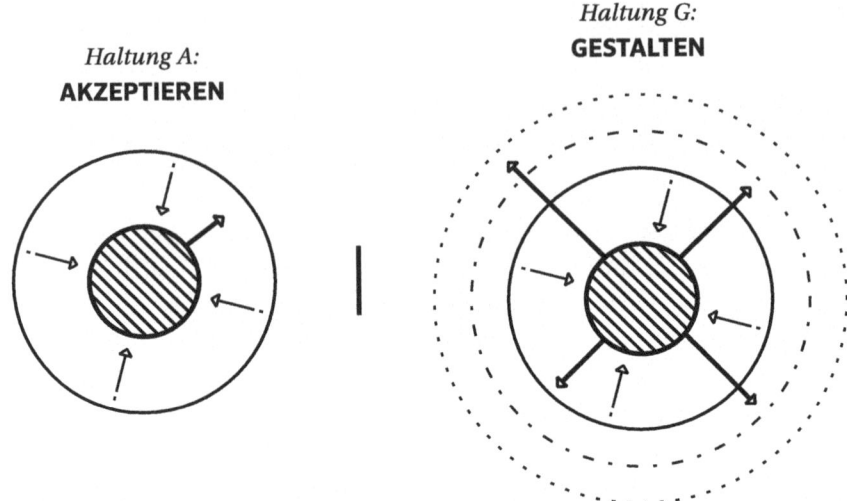

Haltung A:
AKZEPTIEREN

Haltung G:
GESTALTEN

Abb. 10.1 Die Haltung in Veränderungen

(denn Ihre Mutter sagt immer: Man muss einfach durchhalten in der Ehe).

Natürlich gibt es immer wieder Rahmenbedingungen, die ernsthafte und große Herausforderungen darstellen, doch auch diesen kann man ins Auge blicken und sagen: Oh Gott, da komme ich nie raus, das muss ich einfach akzeptieren. Oder Sie sagen: Ok, das ist eine große Hürde und ich weiß, es wird nicht die letzte in diesem Leben sein. Wo stehe ich also, wo fange ich an, wer kann mir helfen und wo habe ich bereits jetzt einen *minimalen* Handlungsspielraum, den ich nutzen kann. Und damit wären wir bei Haltung G, die Sie rechts auf Abb. 10.1 sehen, dem Gestalter-Modus.

Ich weiß nicht, wann es in meinem Leben war, aber irgendwann muss sich ein Schalter in meinem Hirn oder vielmehr in meinem ganzen Wesen umgelegt haben. Vielleicht war es nach der 100. Coaching-Stunde, dem 10. Selbsterfahrungs-Seminar, beim Tod meines Bruders oder bei der Scheidung von meinem ersten Ehemann. Es ist egal, denn wenn dieser Schalter einmal umgelegt ist, kann man nicht mehr zurück. Ich *muss* gestalten, sonst werde ich todunglücklich. Die schwierigste Gestaltungsaufgabe ist mir lieber als in Rahmenbedingungen zu verharren, die ich nicht gut finde. Doch um das ins rechte Licht zu rücken – ich bin keine Verfechterin davon, dass Menschen bei der kleinsten Unannehmlichkeit z. B. in einer Paarbeziehung oder im Job alles hinschmeißen und sich den nächsten Partner oder Job suchen. Um das zu erklären, borge ich mir die Worte vom amerikanischen Philosophen Reinhold Niebuhr – ausnahmsweise in Englisch, weil es viel schöner als in Deutsch klingt:

God, grant me
the serenity to accept the things I cannot change,
the courage to change the things I can
and the wisdom to know the difference

Mit dieser Weisheit können wir alles schaffen. Es geht auch nicht darum, dass jeder Mensch immer alles in Frage stellt und auf Teufel-komm-raus seine Umgebung mit seinen Ideen vergewaltigt. Mein Anliegen ist, immer wieder bewusst hinzuschauen – ganz wie in Kap. 3, der Dämmerung einer Veränderung – wie es uns geht, ob alles passt oder ob es vielleicht etwas gibt, was wir zu unserem eigenen Wohlbefinden und Erfolg verändern möchten. Und oft gibt es sogar Potenziale, wo Veränderungen uns selbst *und* unseren Kollegen und Mitarbeitern Vorteile bringen können.

》Veränderung ist Leben. Wenn Sie sich dagegenstemmen, tut sie weh. Wenn Sie sie bewusst mitgestalten, tut sie gut.

Und nun möchte ich noch zwei Themen beleuchten, die in allen Phasen einer Veränderung vieles erleichtern können: Die Kommunikation und den Humor.

10.2   Der Dauerbrenner Kommunikation

Es beginnt schon damit, wie man den Start eines Projekts kommuniziert oder die Art und Weise, wie man die Mitarbeiter zu den Interviews einlädt und zieht sich durch die gesamte Spanne des Veränderungszyklus als neuralgische Lebensader eines Veränderungsprozesses durch. Relevant ist dabei nicht nur, *was* kommuniziert wird, sondern auch *wie, wann und von wem*. Einige meiner Kollegen und Kolleginnen waren früher Top-Kommunikations-Experten in großen Konzernen und ich habe viel von ihnen gelernt über die hohe Kunst der achtsamen Formulierung und den rechten Zeitpunkt, kritische Informationen weiterzugeben.

» Es gibt kein Change-Projekt, in dem Kommunikation nicht zum wichtigen Thema wird.

Was ist also der Schlüssel für Kommunikation in Veränderungsprojekten? Eigentlich das gleiche wie bei jeder anderen Kommunikation in Organisationen, nur muss man *noch* konsequenter seine Hausaufgaben machen – nämlich folgende Fragen beantworten, bevor man loslegt:

1. Wie lautet die Kernbotschaft?
2. Wen soll sie erreichen?
3. Welche Medien und Kanäle gibt es, um 1. nach 2. zu transportieren, sodass die Botschaft auch tatsächlich ankommt?

Das Wichtigste ist, sich die Fragen in dieser Reihenfolge zu beantworten und nicht mit 3. zu beginnen. Zu verlockend ist es z. B., das gewohnte Medium Email an alle Mitarbeiter für die Verlautbarung einer Veränderung herzunehmen. Doch wenn die Haupt-Zielgruppe für die Botschaft „Mehr Qualität in der Produktion" die Mitarbeiter in den Produktionsbetrieben sind und dort kaum jemand Zugang zu seinem Email-Account hat, dann muss man sich andere Kanäle überlegen. Oder der Kanal stimmt, doch sind die Botschaften im abgehobenen Management-Jargon geschrieben, sodass jeder Mitarbeiter sofort die Augen verdreht, wenn er die ersten Zeilen liest.

Beispiel: Kommunikationswege in einem Change-Projekt

Wenn die Kernbotschaft für das Change-Projekt in einer Vertriebsorganisation beispielsweise lautet: „Wir wollen unseren Kunden in Zukunft zusätzlich zu den erstklassigen Produkten den allerbesten Service bieten." Dann ist die nächste Frage: Welche Zielgruppen habe ich im Unternehmen, die das betrifft? Das wären auf den ersten Blick alle, doch auf den zweiten Blick lohnt sich eine Unterscheidung zwischen Verkauf, Servicetechniker und Innendienst – denn diese Zielgruppen sind an unterschiedlichen Orten und Zeiten erreichbar und verstehen die Botschaft vielleicht auch unterschiedlich verpackt am besten.

Ein guter Weg der Kommunikation waren in diesem Fall etwa regelmäßige Informationen vom Leitungsteam in sogenannten „Lounge Talks" in der Cafeteria der jeweiligen Niederlassung, wobei es Außendienst-Mitarbeitern möglich war, über Video-Konferenz am Laptop oder Handy dabei zu sein. Des Weiteren gab es individuelle Meetings der Führungskräfte für die Mitarbeiter, regelmäßige Calls zwischen Sales und Service zur Abstimmung ihrer Aktivitäten beim Kunden, Video-Botschaften aus dem Kernteam im Intranet, wechselnde und humorvoll gestaltete Info-Screens im Eingangsbereich der Niederlassungen usw. Die besondere Herausforderung bei dieser Kommunikationsstrategie war, die erfolgsgewohnte Sales-Force und die weniger im Rampenlicht stehenden Service-Leute unterschiedlich anzusprechen und dennoch zu einem gemeinsamen Team zu machen.

Die meisten Auftraggeber sagen irgendwann in einem Projekt: Jetzt habe ich es schon so oft erklärt, jetzt müssen es doch schon alle verstanden haben! Und ich sage: Nein, müssen sie nicht! Gehört heißt nämlich noch lange nicht verstanden und verstanden heißt noch lange nicht, dass es die Person dazu bewegt, irgendetwas anders zu machen als vorher. Der Auftraggeber ist naturgemäß jene Person in der Organisation, die sich bereits am längsten mit der Veränderung beschäftigt und genau deshalb muss er mit den Mitarbeitern und Kollegen auch etwas Geduld haben, sodass diese „aufholen" können.

Praxis-Tipp Wiederholen Sie die Kernbotschaften solange, bis Sie sie selbst nicht mehr hören können und dann beginnen Sie von vorne damit! Die wichtigsten Ziele für die Kommunikation in Veränderungsprozessen sind Transparenz schaffen, Widerstände und Ängste auflösen, Vorgangsweisen erklären und dafür sorgen, dass alle auf die Reise mitgenommen werden. Am besten gelingt das im persönlichen Gespräch, doch auch bei größeren Meetings oder Video-Botschaften ist eine persönliche Note und das Zeigen von Betroffenheit und Begeisterung eine dringende Empfehlung. Ein weiterer Schlüssel ist der passende Zeitpunkt der Kommunikation – nehmen Sie Ihre Mitarbeiter ernst und erzählen Sie Ihnen möglichst zeitnah von Veränderungen und wichtigen Informationen. Je länger Sie warten, desto mehr Raum gibt es für Gerüchte und die sind meistens nicht sehr hilfreich in Change-Prozessen. Besonders schnell sollten Sie von ersten Erfolgen erzählen! Wie bereits erwähnt, sind Erfolgsgeschichten das beste Mittel, um den Mitarbeitern die Angst vor der Veränderung zu nehmen. Denn damit erfahren sie, dass es tatsächlich bereits losgegangen ist und auch funktioniert!

10.3   Plädoyer für den Humor

Und nun noch mein Lieblingsthema: der Humor! Bei mir ist es so: Ich liebe Veränderungen und ich akzeptiere die damit einhergehenden Herausforderungen. Doch wenn mir der Humor vergeht, dann läuten die Alarmglocken! Ob in persönlichen Beziehungen oder im Beruf weist ein gewisses Maß an Humor auf eine entspannte Haltung mit dem notwendigen Abstand zu stressigen Situationen hin. Wenn dieser Humor über Tage oder vielleicht sogar Wochen aus meinem Leben verschwindet, ist das immer ein dringender Hinweis darauf, gegenzusteuern. Lachen ist in der Regel die beste Medizin gegen Anspannung und ich persönlich merke es schier körperlich, wenn mir der Spaß vergeht. Ich werde „eng", das heißt, ich bewege mich sparsamer und öffne mich in meinen Bewegungen weniger der Umwelt.

Manchmal passiert es auch in Change-Projekten, dass die Mitarbeiter in den Workshops sehr ernst werden. Dann machen meine Kollegen und ich manchmal ein sogenanntes „Reflecting-Team". Dies ist eine sehr spezielle Intervention, wo sich die beiden Berater im Workshop vor allen Teilnehmern zueinander drehen und über die anwesenden Personen sprechen, als wären sie gar nicht da. Wir unterhalten uns auf humorvolle, manchmal provokante, aber immer wertschätzende Art über das, was wir bei den Teilnehmern wahrnehmen. Dabei kommen manchmal auch Tabus zur Sprache, wie z. B. dass der Chef immer wieder Eigenverantwortung der Mitarbeitenden einfordert, jedoch selbst nicht loslässt. Und in diesem Setting kann man auch gut ansprechen, dass die Anwesenden irgendwie lust- und humorlos in den Stühlen hängen und wir spekulieren dann wild, woran das liegen könnte.

Dieses Reflecting-Team dauert nur ein paar Minuten, doch kann es die Kommunikation manchmal auf eine neue Ebene bringen und auch den Humor wieder ins Spiel bringen.

» Meine Annahme ist, dass alle Menschen Humor lieben, auch solche, die sich als humorlos bezeichnen.

Eine kritische Anmerkung von uns Beratern ist leichter anzunehmen, wenn sie mit ein wenig Augenzwinkern und Charme vorgetragen wird. Wir verwenden manchmal auch witzige Strichmännchen am Flipchart, erzählen skurrile Geschichten oder nehmen uns gegenseitig „auf die Schaufel", um einen angespannten Change-Prozess ein wenig erträglicher zu machen.

In manchen Organisationen gibt es dann noch den Sarkasmus, der aus meiner Sicht nur eine schmale Überschneidung mit dem feinen Humor hat, der uns weiterbringt und den Alltag erleichtert. Schwierige und ernste Themen werden durch sarkastische Bemerkungen schnell bagatellisiert und abgewertet – das ist ein schmaler Grat, auf dem die Beteiligten da gehen. Einerseits sind diese Statements gerade für Männer oft ein Ventil, um dem Augenblick die Schwere zu nehmen, andererseits teilen meist nicht alle Mitarbeiter und Mitarbeiterinnen diese Art von Lustigkeit und es passieren mehr Verletzungen dadurch, als allen lieb ist. Dennoch ist manchmal sogar ein wenig Galgenhumor angebracht, v.a. wenn die ersten Fehler in einer Veränderung gemacht werden und man Dinge wiederholt neu und anders ausprobieren muss.

Immerhin hat sogar der Dalai Lama auf die Frage nach seinem liebsten Hobby gesagt: „Lachen!" Er findet, wer lacht, kann besser denken. Also wenn das kein Ansporn ist, die Kollegen ab und zu zum Lachen zu bringen …

Fazit: Und dann geht alles von vorne los
Veränderung ist etwas ständig Wiederkehrendes und völlig Natürliches und man kann seine Lebens- und Arbeitsqualität dadurch massiv steigern. Folgendes hilft dabei:

- Eine bewusste Haltung, die schwierige Rahmenbedingungen akzeptiert und den Gestaltungsspielraum sucht und nutzt
- Kommunizieren ist der Schlüssel in jedem Change-Prozess – je authentischer und häufiger, desto besser!
- Der Humor ist manchmal unser letzter Anker in schwierigen Situationen – nutzen wir ihn weise und in konstruktiver, gelassener Art!

11

Fazit

Zusammenfassung Veränderung ist nichts, was man sich aussuchen kann. Sie ist Bestandteil unseres Lebens wie das Atmen oder die Nahrungsaufnahme. Man kann sich allerdings entscheiden, ob man mitmacht oder sich wehrt. Wenn wir alle mitmachen und uns rechtzeitig zu bunt gemischten Verbünden mit unterschiedlichem Erfahrungshintergrund zusammenschließen, dann können wir nicht nur in Veränderungsprojekten, sondern auch auf diesem Planeten viel bewegen. Sich dabei auf die professionelle Rolle zu reduzieren, reicht allerdings nicht. Vielmehr brauchen wir den ganzen Menschen mit all seinen Erfahrungen und Emotionen, um lustvoll gemeinsam etwas auf die Beine zu stellen!

2020

Jetzt gerade sitze ich im Garten unseres noch im Bau befindlichen Hauses in der Nähe von Wien und genieße die Ruhe und das Vogelgezwitscher. Im Moment ist es generell ruhig, denn wir befinden uns in der Zeit des Corona-Virus, wo der Großteil der Organisationen geschlossen hat und das öffentliche Leben stark eingeschränkt ist, um die Anzahl der Infizierungen möglichst gering zu halten. Puh, keine Workshops für ein paar Monate und Change-Projekte zum Teil völlig auf Eis gelegt! Das ist eine große

M. M. Meiler, *Emotionales Change Management*,
https://doi.org/10.1007/978-3-662-62211-7_11

Herausforderung für mich – denn ich liebe es, Menschen und Organisationen bei Veränderungen beizustehen. Stattdessen bin ich zum x-ten Mal in meinem Leben auf mich selbst zurückgeworfen und habe nun die Möglichkeit, mir über mein Business Gedanken zu machen:

Was genau macht mich aus, mit welchen Kunden, mit welchen Kooperationspartnern möchte ich in Zukunft arbeiten – jetzt, wo ich von einer renommierten Beraterfirma wieder ein Stück weggerückt bin? Mehrere Jahre steuerte ich die Geschicke dieser Firma gemeinsam mit drei weiteren Partnern. Große Unterschiede in strategischen Fragen hinsichtlich Modernisierung und Wachstum der Organisation veranlassten mich Ende 2019, aus diesem Partnerteam auszusteigen und in meinem eigenen Netzwerk mit Kollegen zusammenzuarbeiten. Es schmerzt, doch es ist gut. Wieder eine Veränderung, die ich lange überlegt und letztendlich entschlossen durchgezogen habe – im Übrigen ziemlich parallel zum Schreiben der einzelnen Phasen des Veränderungszyklus in diesem Buch!

Wer bin ich also, als selbstständige Beraterin in dieser erzwungenen Auszeit wegen Corona? Wieder einmal komme ich zum Schluss, dass ich von irgendwo her eine Leidenschaft und Liebe für Change mitbekommen haben und mein Glaube daran, dass Veränderungen gut und möglich sind, ist das wertvollstes Gut in meiner Arbeit. Ich biete Organisationen und den Menschen darin mein Hirn, mein Herz und meinen Hausverstand an, um gemeinsam mit ihnen kraftvoll ihre Zukunft zu gestalten und auf das bin ich stolz.

Das ist also mein persönliches Fazit nach 10 Kapiteln dieses Buches. Veränderung kommt und geht, tut manchmal weh und ist gleichzeitig Quelle unendlicher Lebensqualität. Im Prinzip ist Veränderung sogar die Essenz des Lebens – übrigens der Grund, warum meine Beraterfirma essence consulting heißt.

Das Leben ist Veränderung, wir sind Veränderung, die Natur ist Veränderung. Wir können sie und sind auf Erneuerung ausgerichtet. Egal in welchen Umständen wir uns gerade befinden – wir haben immer die Möglichkeit, uns selbst zu verändern. Das ist unsere Freiheit! Natürlich können wir auch im außen viel bewirken, wir können reisen, gestalten, andere Menschen motivieren, Firmen gründen, erweitern oder umstrukturieren usw. Doch die stärkste transformative Kraft ist jene, die aus dem

Inneren kommt. Rumi, ein persischer Gelehrter und Dichter, sagte einmal dazu:

Gestern war ich klug und wollte die Welt verändern.
Heute bin ich weise und möchte mich verändern.

Allein mit Ihrer Einstellung können Sie Großes bewegen. Und wenn Sie dann noch dazu bereit sind, auf Ihr inneres Erfahrungswissen und Ihre Intuition zu vertrauen, wird Veränderung ein Kinderspiel für Sie. Der Verstand ist dann nur mehr das Vehikel, das zur Umsetzung dient. Dazu abschließend noch einmal ein Blick in die Natur:

11.1 Machen wir es wie die Ameisen

Haben Sie schon einmal von den Fähigkeiten der roten Ameisen im brasilianischen Regenwald gehört? Wenn eine Überschwemmung droht, schließen sich die Ameisen zu einem Floß zusammen und schwimmen so lange auf dem Fluss, bis sie wieder festen Boden betreten können. Wie genial ist das! Solche Beispiele gibt es viele in der Natur und ich bin fest davon überzeugt, dass wir Menschen viel mehr können, als wir glauben. Ok, das Kunststück der Ameisen ist vielleicht nicht so leicht nachzuturnen, doch wenn es gelingt, unsere persönliche Sichtweise ein wenig auszuweiten auf die Sicht des jeweiligen Gesamtsystems – dann ist gemeinsam mit den anderen Menschen im System sehr viel möglich!

Durch die vielen technischen Errungenschaften haben wir paradoxerweise verlernt, auf diese natürlichen Instinkte zu hören. Jetzt, wo uns die Technik vieles abnimmt, sollen wir wieder menschlich (oder tierisch) und mit Hausverstand mit Veränderung umgehen. Genau das scheint manchmal meine Aufgabe in Change-Projekten zu sein: Die Menschen daran erinnern, dass sie jenseits von Business-Zielen, Compliance-Richtlinien und diversen Dos and Don'ts jederzeit zu sich selbst, ihrer Intuition und ihrem Erfahrungswissen als Mensch zurückkehren und ganz pragmatisch kleine neue Schritte ausprobieren können – wie die Ameisen!

Ameisen finden bei Irritation ganz natürlich zu ihrer alten bzw. zu einer neuen, passenderen Ordnung zurück. Sie organisieren sich pragma-

> **Beispiel: Parallel zur Natur**
>
> Wie schon an früherer Stelle in diesem Buch erwähnt, fragen wir in den Interviews zu Beginn eines Change-Projekts gerne nach Bildern, die die Organisation derzeit besonders gut repräsentieren. Unlängst führten wir wieder solche Interviews in einer Organisation durch und einige der Befragten sagten: „Wir sind wie ein Ameisenhaufen, in dem dauernd irgendeiner mit einem Ast herumstochert. Dann rennen wir wie verrückt in der Gegend herum und versuchen, eine neue Ordnung zu finden, bis wieder irgendein Unsichtbarer am Ast rüttelt … der Unterschied zwischen den Ameisen und uns ist allerdings, dass diese weit besser organisiert sind als wir!"

tisch, passen sich an, verteilen Aufgaben und machen einfach ihr Ding. Warum? Weil sie das gesamte System im Blick haben. Vermutlich nicht bewusst, aber wir Menschen können es bewusst machen! Viele Menschen agieren in einem Organisationssystem so, als wären sie ein in sich geschlossenes Mini-System, das nicht mit dem Rest der Organisation zusammenhängt.

Praxis-Tipp Es ist wie bei einem Mobile: Wenn man an einer Stelle zieht, bewegt sich immer das ganze Ding. Sich immer wieder auf das Ganze zu besinnen und darauf, welche Auswirkungen mein persönliches Verhalten auf andere Personen und Prozesse im System haben könnte, ist also in Veränderungsprojekten sehr zu empfehlen.

11.2 Der ganze Mensch

Noch etwas brauchen wir für Veränderungen in Organisationen: den *ganzen* Menschen und nicht nur den Teil, der im Stellenprofil definiert ist. Manchmal kommt mir vor, dass die Menschen in Organisationen irgendwie gespalten sind. Sie verhalten sich als Führungskraft XY ganz anders, als sie sich privat verhalten würden. Auch wenn das ein Stück weit verständlich ist, so brauchen wir in Veränderungsprojekten in der Regel die *gesamte Person* mit all ihren Erfahrungen und Emotionen.

Praxis-Tipp Die Mitarbeiter sollen und dürfen auch auf Ressourcen aus der persönlichen Geschichte zurückgreifen, um die Herausforderungen zu bewältigen. Jede Art von Trennung zwischen privaten und beruflichen Change Erfahrungen ist meiner Meinung nach unnatürlich!

Ganz überrascht sind Teilnehmer, die zum ersten Mal bei einem unserer Workshops dabei sind und gleich zu Beginn im sogenannten „Minilab" in kleinen Gruppen zu 3–4 Personen ganz persönliche Fragen beantworten sollen.

Worauf bin ich besonders stolz in meinem Leben? Was würde ein Freund über mich sagen? Wovor habe ich derzeit am meisten Angst? usw. Nach anfänglicher Irritation werden die Leute meist sehr neugierig auf die Antworten und bemühen sich auch, von sich selbst etwas preiszugeben. Diese einfache Übung steigert das Vertrauen in der gesamten Gruppe enorm und danach sind inhaltliche Diskussionen meist viel einfacher durchzuführen als ohne dieses Warmup.

Ich weiß aus eigener Erfahrung, dass es nicht einfach ist, sich mit all seinen Emotionen und Erfahrungen im beruflichen Umfeld einzubringen. Wie Sie in früheren Kapiteln gelesen haben, musste ich selbst mühevoll lernen, dass Intellekt und Leistung nicht alles sind, was man für ein erfolgreiches Business braucht. Und ja, manchmal ist es anstrengend, sich voll einzulassen, weil man dann auch die negativen Emotionen voll mitbekommt und sich nicht immer davon abgrenzen kann.

»Entweder all-in oder all-out, ein bisschen schwanger gibt es nicht und ein bisschen Einlassen in eine Beziehung, Business, Change-Projekt usw. ist meist auch nicht von Erfolg gekrönt.

Doch keine Sorge, im Gegenzug bekommt man selbstverständlich auch den Lohn dafür, dass man sein ganzes menschliches Vermögen in den Ring wirft. Ich habe selten so viel Dankbarkeit erlebt, wie am Ende von längeren Veränderungsprojekten von den Menschen, mit denen wir manchmal über Jahre die Höhen und Tiefen eines Change erlebt haben. Nicht nur das Business entwickelt sich in dieser Zeit weiter, sondern immer auch die Menschen. Gemeinsame Erfahrungen verbinden und das bringt mich zum letzten Punkt meines Fazits:

11.3   Gemeinsam macht es mehr Spaß

Früher war ich Einzelkämpferin, doch je älter ich werde, desto mehr schätze ich es, gemeinsam mit Gleichgesinnten etwas auf die Beine zu stellen. Wie geil ist es, ein ganzes Bündel an Lebenserfahrungen in einen Topf zu werfen, ein paar Mal gut umzurühren und dann eine hervorragende Suppe aus kollektiver Intelligenz und Power zu genießen! Doch dass dies gelingen kann, ich ein Mindestmaß an gemeinsamen Werten unbedingte Voraussetzung. Ein Team oder auch ein Paar wird dann viel gemeinsam schaffen, wenn es ausreichend Unterschiede gibt, um einander zu inspirieren und eine ausreichende gemeinsame Basis, um auch schwierige Zeiten miteinander durchzustehen.

Der Nachteil von Teamwork ist, dass die Lorbeeren für den Erfolg ebenfalls nur im Team kassiert werden und man mit einem x-tel des Erfolgs zufrieden sein muss. Das führt bei manchen Führungskräften zu Alleingängen, wo es im Sinne des gesamten Unternehmens sicher logischer wäre, sich mit Kollegen von anderen Bereichen abzustimmen und das finde ich immer sehr schade.

»Die Wirtschaft würde sehr von einem neuen Selbstverständnis profitieren, das den gemeinsamen Erfolg und die Menschlichkeit über die reine Profitabilität der Organisationen stellt.

Wenn man in die Geschichte des Menschen schaut, ist der Mensch immer ein Herdentier gewesen und vermutlich ist er es noch. Durch unsere eher kleinen Familien mit Vater, Mutter, Kinder oder gar Alleinerzieher mit einem Kind sind wir es vielleicht auch nicht mehr gewöhnt, mit sehr unterschiedlichen Personen im Verbund zu arbeiten und zusammenzuleben. Ich denke aber, es ist die Mühe wert, persönliche Verbindungen wieder mehr zu pflegen und in den Alltag hereinzuholen. Dabei ist es vielleicht auch wertvoll, nicht nur auf Menschen zuzugehen, die einem sympathisch sind, sondern auch den Kontakt mit jenen zu suchen, die „interessant" sind, z. B. weil sie einen ganz anderen Erfahrungshintergrund haben oder über komplementäres Fachwissen verfügen.

In diesem Sinne, wünsche ich Ihnen viel Erfolg bei der Suche nach Ihrem Rudel, mit dem Sie jede noch so schwierige Veränderung und Herausforderung meistern können und viel Spaß bei Ihrer persönlichen Weiterentwicklung!

Ende der Reise
Nun heißt es Abschied nehmen. Ich bin sehr dankbar, dass Sie diese Reise durch den Veränderungszyklus mit mir unternommen haben. Jede Leserin und jeder Leser, die mich bis hierher begleitet haben, sind Pioniere, denn Sie beschäftigen sich bewusst mit Veränderung, anstatt sie geschehen zu lassen. Sie können in Veränderungsprojekten die Leuchttürme sein, wenn Sie es wollen. Leuchttürme haben einerseits die Funktion, den rechten Weg anzuzeigen, aber auch vor gefährlichen Klippen zu warnen. Bitte, nehmen Sie Ihre Position ein und seien Sie wirksam!

Uns Menschen ist so viel möglich auf diesem Planeten und Veränderungsprojekte in Organisationen sind nur ein Aufwärmen im Vergleich zu großen Themen wie nachhaltiges Wirtschaften oder sinnvolle Nutzung der digitalen Möglichkeiten. Wir können schon einmal üben und uns mit den richtigen Menschen zusammenschließen, um noch mehr zu erreichen und die wirklich großen Change-Projekte der Erde anzugehen. Wenn Sie also Interesse haben, sich mit mir auszutauschen oder mit mir zu arbeiten, dann melden Sie sich bitte! Meine Kontaktdaten finden Sie auf der Seite ‚Über die Autorin'.

Abschließend noch ein großes Dankeschön an alle Kunden und Kollegen, mit denen ich je zusammengearbeitet habe. Jedes einzelne Projekt war eine wertvolle Erfahrung, jeder einzelne Mensch war Quelle von Horizonterweiterung und auch Meinungsverschiedenheiten und Konflikte dienten dem Lernen und dem Wachstum. Mein Dank gilt auch allen

Mentoren, Coaches und Lehrern, die mich an entscheidenden Stellen in meinem Leben ein Stück weitergeschubst und an mich geglaubt haben. Und schließlich danke ich auch meiner Familie, meinen Kindern und meinem lieben Mann, die mich trotz meines eigenwilligen Lebensweges lieben und unterstützen und aufgehört haben, mich verändern zu wollen.

Fazit

- Veränderung ist etwas völlig Natürliches und jeder Mensch kann Veränderung.
- Für Veränderung brauchen wir das Engagement des ganzen Menschen – nicht nur die berufliche oder private Rolle.
- Die Zeit ist reif, dass wir wieder mehr zusammen auf die Beine stellen. Gemeinsam schaffen wir auch große Veränderungen und außerdem macht es mehr Spaß!

Literatur

Cameron K (2012) Positive Leadership. Berrett-Koehler, San Francisco

Harris TA (1976) Ich bin o.k. – Du bist o.k.: Wie wir uns selbst besser verstehen und unsere Einstellung zu anderen verändern können – Eine Einführung in die Transaktionsanalyse. Rowohlt, Reinbeck bei Hamburg

Königswieser R, Hillebrand M (2015) Einführung in die systemische Organisationsberatung. Carl-Auer, Heidelberg

Kotter J, Rathgeber H (2006) Das Pinguin-Prinzip: Wie Veränderung zum Erfolg führt. Droemer Knaur, München

Kübler-Ross E (2014) Interviews mit Sterbenden. Kreuz, Freiburg im Breisgau

Lobe M (2016) Das kleine Ich bin ich. Jungbrunnen, Wien

Luft J, Ingham H (1955) The Johari window, a graphic model for interpersonal relations. University of California, Los Angeles

Robertson B, Kauschke M (2016) Holacracy: Ein revolutionäres Management-System für eine volatile Welt. Franz Vahlen, München

Scharmer O (2014) Theorie U: Von der Zukunft her führen: Presencing als soziale Technik. Carl-Auer, Heidelberg

Sinek S (2011) Start with why: how great leaders inspire everyone to take action. Portfolio/Penguin Group, New York

Staehle W (1999) Management. Vahlen, München

© Der/die Herausgeber bzw. der/die Autor(en), exklusiv lizenziert durch Springer-Verlag GmbH, DE, ein Teil von Springer Nature 2020
M. M. Meiler, *Emotionales Change Management*,
https://doi.org/10.1007/978-3-662-62211-7

The manufacturer's authorised representative in the EU is Springer
Nature Customer Service Centre GmbH, Europaplatz 3, 69115 Heidelberg,
Germany. If you have any concerns regarding our products, please
contact ProductSafety@springernature.com

Printed and bound by CPI Group (UK) Ltd, Croydon, CR0 4YY
28/04/2026
02098537-0002